Zu diesem Buch

Focusing ist eine therapeutische Technik, die nicht primär nach der Entstehung und den Hintergründen von persönlichen Konflikten fragt, sondern immer in der Gegenwart ansetzt: Was fühle und empfinde ich jetzt, in diesem Moment. In der Konzentration auf das innere Erleben, auf die Stimme des Körpers – im Focusing «Felt Sense» genannt –, werden Empfindungen spürbar, die uns den Weg zur Lösung von Konflikten weisen wollen.

Der Begriff «Focusing» kommt vom lateinischen «focus» (Brennpunkt). Ursprünglich im therapeutischen Kontext entstanden, kann Focusing zum einen in jede Therapieform integriert werden, ist aber auch ein geradezu idealer Weg zur Selbsthilfe in jeder Lebenslage: um Entscheidungen richtig zu treffen, um eine Hemmung zu überwinden, um sich aus destruktiver Selbstkritik zu lösen oder um die eigene Kreativität wieder fließen zu lassen.

Ann Weiser Cornell geht davon aus, daß wir eigentlich ganz genau wissen, was wir uns wünschen, was wir wollen, was uns belastet. Wir haben nur verlernt, dieser inneren Stimme, die sich in unseren Körpergefühlen und Empfindungen ausdrückt, zuzuhören und ihre Wahrheiten zu berücksichtigen. Die Technik des Focusing, die die Autorin in ihrem Buch in einfachen und anschaulichen Schritten darstellt, lehrt uns, diesen Signalen aufmerksam zu lauschen. So können wir die «Weisheit» unseres gesamten Selbst – nicht nur die Gedanken und Ideen unseres Verstandes – für die persönliche Weiterentwicklung erschließen.

Das Buch ist in elf kurze, klar strukturierte Kapitel unterteilt, mit deren Hilfe man Schritt für Schritt die Technik des Focusing erlernen kann. Kontaktadressen zu Focusing-Instituten im deutschsprachigen Raum finden Sie ab S. 150.

Die Autorin

Ann Weiser Cornell ist die international wohl bekannteste Focusing-Trainerin. Sie hat Focusing bei Eugene Gendlin, dem Begründer dieser Technik, gelernt, mit ihm gemeinsam am Focusing Institute in Chicago gelehrt und der Methode entscheidende neue Impulse gegeben. Seit Mitte der 80er Jahre leitet sie weltweit Focusing-Workshops. Ann Weiser Cornell lebt in Berkeley, Kalifornien.

Ann Weiser Cornell

Focusing | Der Stimme des Körpers folgen

Anleitungen und Übungen zur Selbsterfahrung

Deutsch von
Christiane Buchner

Rowohlt Taschenbuch Verlag

Für Bryan, der es genau wissen will

Die Übersetzerin dankt Ralf Rehder und
Dr. Johannes Wiltschko herzlich für ihren fachlichen Rat.

18. Auflage Juni 2025
Veröffentlicht im Rowohlt Taschenbuch Verlag
Rowohlt Verlag GmbH, Kirchenallee 19, 20099 Hamburg

Deutsche Erstausgabe
Zuerst veröffentlicht im Rowohlt Taschenbuch Verlag,
Reinbek bei Hamburg, Mai 1997

Die Originalausgabe erschien 1996 unter dem Titel
«The Power of Focusing. A Practical Guide to Emotional
Self-Healing» bei New Harbinger Publications, Oakland

Redaktion Ingrid Ostlender

Umschlaggestaltung zero-media.net, München
Umschlagabbildung GettyImages/AzmanL
Satz Sabon und Optima (Linotronic 500)
Gesamtherstellung CPI books GmbH, Leck
ISBN 978-3-499-60353-2

Kontaktadresse nach EU-Produktsicherheitsverordnung:
produktsicherheit@rowohlt.de

MIX
Papier | Fördert
gute Waldnutzung
FSC® C083411

Inhalt

Vorwort

Focusing ist mir zum ersten Mal 1972 während meines Linguistikstudiums an der Universität von Chicago begegnet. Durch die plötzliche, schmerzhafte Trennung von meinem damaligen Freund war mir klargeworden, daß sich in meinem Unterbewußtsein eine ganze Menge abspielte, und ich nahm mir vor, dieses tiefere Ich zu erkunden.

Freunde erzählten mir, ein gewisser Gene Gendlin würde Sonntag abends in einem Gemeindezentrum eine erstaunliche Sache namens «Focusing» unterrichten. Als ich zum ersten Mal dorthin ging, war ich fasziniert und frustriert zugleich. Fasziniert, weil ich sofort wußte, daß Focusing genau das war, wonach ich suchte: eine einfache und effektive Methode zu erkennen, was ich wirklich spürte und wollte. Frustriert, weil mir schwerfiel, es zu lernen. Ich verstand nicht, was ich tun sollte, und wenn ich versuchte, die Anleitungen nach meinem Verständnis umzusetzen, passierte nichts.

Mit Hilfe geduldiger Freunde lernte ich Focusing schließlich doch, und von da an wurde es durch viele Entwicklungen in meinem Leben hindurch zu meinem Begleiter. Als ich 1980 meine Laufbahn als Linguistikdozentin beendete und auf der Suche nach einem neuen Betätigungsfeld war, lud mich Gene Gendlin ein, mit ihm gemeinsam Focusing zu unterrichten. Nachdem ich Gene bei vielen Workshops in Chicago assistiert hatte, zog ich 1983 nach Kalifornien und begann, selbständig Focusing zu lehren.

Ich habe nie vergessen, welche Schwierigkeiten ich zu Beginn mit Focusing hatte, und entschloß mich, nach Wegen zu suchen, wie man diese Methode so vermitteln kann, daß sie wirklich für jeden erlernbar ist. Durch meinen beruflichen Hintergrund als Linguistin bin ich besonders sensibel für alles Sprachliche, und mit der Zeit wurde mir immer klarer, daß die Ausdrucksweise, die man beim Unterricht benutzt, den Focusing-Prozeß ungemein fördern oder behindern kann. Um diese Erkenntnisse auch anderen Focusing-Trainern zugänglich zu machen, schrieb ich zwei Focusing-Anleitungen, eine für Focusing-Schüler und eine für Focusing-Begleiter.

Ende 1994 geschah zweierlei: Erstens kam ich mit Hilfe meiner Kollegin Carol LaDue auf meiner Suche nach einer verbesserten Unterrichtsform einen entscheidenden Schritt weiter, und zweitens bat mich der New Harbinger Verlag, dieses Buch zu schreiben. Die erste Hälfte 1995 war für mich eine ausgesprochen kreative Zeit: Ich probierte die neue Lehrweise aus, die ich in Workshops in Kalifornien, Australien und Maryland entwikkelt hatte – und schrieb. Das Unterrichten klappte gut und das Schreiben auch. Dieses Buch ist nun meine neue Focusing-Anleitung, die auf meiner fünfzehnjährigen Unterrichtserfahrung aus der Leitung Hunderter von Focusing-Workshops aufbaut.

Ich mag Focusing sehr. Es ist ein wunderschöner, komplexer und ergiebiger innerer Wachstumsprozeß, der inzwischen fest mit meinem Leben verwoben ist. Ich kann eigentlich nicht sagen, daß ich Focusing «mache», es ist eher so, daß ich es lebe. Neben vielem anderen hat mir Focusing auch eine spirituelle Öffnung gebracht, die ich nicht erwartet hätte.

Ich bin überzeugt, daß die Zeiten, in denen wir leben, von uns allen erfordern, unerschrocken und mit ganzer Kraft das zu sein, was wir sind. Für meine Begriffe ist Focusing der schnellste Weg, unsere eigene Wahrheit zu finden und zu leben. Focusing zu lehren ist für mich mehr als ein Beruf, es ist eine Leidenschaft. Wenn ich Ihnen auf Ihrem Weg mit Focusing helfen kann, schreiben Sie mir bitte; meine Adresse und Telefonnummer stehen hinten im Buch.

Kein Buch ist das Werk eines einzigen Menschen. Mein besonderer Dank gilt Barbara McGavin, die Tage mit dem Lesen und Kommentieren früher Fassungen zugebracht hat; viele ihrer Vorschläge wurden in die endgültige Fassung mit aufgenommen. Barbaras Intelligenz und ihr Engagement für ausgezeichneten Focusing-Unterricht sind für uns alle ein Geschenk.

Ich möchte Gene Gendlin danken, meinem Lehrer, ohne den es uns nicht möglich gewesen wäre, zu sehen und zu verstehen, was Focusing ist, geschweige denn, wie man es unterrichten kann.

Ich danke Neil Friedman, einem Therapeuten, der viel über Focusing geschrieben hat und der auf seine Weise der Engel war, der dieses Buch ermöglicht hat.

Ich bin auch meinen anderen Kollegen und Lehrern dankbar, die an der Weiterentwicklung von Focusing bis zu dem Punkt, an dem man so darüber schreiben kann, mitgewirkt haben: Reva Bernstein, Les Brunswick, Lakme Elior, Elfie Hinterkopf, Bebe Simon und viele andere.

Fürs Lesen verschiedener Manuskriptfassungen und für hilfreiche Vorschläge geht mein Dank an Helene G. Brenner, Marilyn Skelton Jellison, Larry Letich, Judy Levy, Judith Ann Perlin, Roger Pritchard, Bebe Simon, Martha Sloss und John Swinburne.

Außerdem möchte ich mich bei den lieben Freunden bedanken, die mich auf meinen Reisen bei sich zu Hause schreiben ließen und mich in ihre Familien aufnahmen, besonders Sebastiaan und Kate sowie Larry und Helene.

Gar nicht genug kann ich meinen Schülern danken, mit denen ich das vorliegende Material ausprobieren durfte und von denen ich so viel gelernt habe.

Ein ganz besonderer Dank geht an die fähigen Mitarbeiter bei New Harbinger, die für mich wahre Engel sind.

1 Was ist Focusing?

Immer wenn Jenny vor anderen Leuten sprechen sollte, schnürte sich ihr die Kehle zu. Je wichtiger eine Situation für sie war, desto stärker wurde die Enge im Hals. Referate an der Uni und Einstellungsgespräche waren qualvoll, fast unmöglich. Sie war schon bei vielen Therapeuten gewesen und hatte viele Techniken ausprobiert, um dieses enge Gefühl loszuwerden, aber ohne Ergebnis. Ihre Eigendiagnose lautete, sie sei «bescheuert, masochistisch» und stünde «sich immer selbst im Weg».

Dann kam sie auf Focusing. Beim Focusing hörte man angeblich seinem Körper teilnehmend und absichtslos zu, und viele Menschen schienen sich durch diese Art des inneren Zuhörens tiefgreifend und bleibend zu verändern. Sie war skeptisch. Es klang zu simpel. Aber sie wollte es auf einen Versuch ankommen lassen, schließlich suchte sie händeringend nach irgend etwas, das funktionierte.

Neugierig machte Jenny unter anderem, daß Focusing eine erlernbare Fertigkeit ist, keine therapeutische Technik. Zwar integrierten es viele Therapeuten in ihre Arbeit, aber man konnte Focusing auch lernen, ohne eine Therapie zu machen. Die Idee, sich eine Fertigkeit anzueignen, die sie nicht nur für dieses enge Gefühl im Hals, sondern für jedes anstehende Thema in ihrem Leben selbständig benutzen konnte, ohne jemanden dafür zu bezahlen, gefiel ihr.

Als Jenny zu ihrer ersten Focusing-Stunde kam und mir ihre Lage schilderte, hatte ich sofort das Gefühl, daß Focusing ihr helfen könnte. Ich habe im Lauf der Jahre Hunderten von Menschen Focusing beigebracht, und Jennys Situation war klassisch.

Ihr Körper sprach bereits mit ihr. Sie mußte nur noch lernen zu hören, was er sagte.

Ich fragte Jenny, ob sie das enge Gefühl auch im Augenblick spüre.

«Ja. Und zwar, weil ich hier bei Ihnen eine neue Technik lernen soll und meine, daß ich alles richtig machen muß.»

Ich bat sie zu beschreiben, wie sich das anfühlte. Sie sah mich überrascht an. «Na, eng eben!» Ich fragte sie, ob sie noch einmal zu dem Gefühl zurückgehen und nachprüfen könnte, ob das Wort «eng» auch wirklich paßte.

Sie machte ein nachdenkliches Gesicht. «Eigentlich», sagte sie langsam, «ist es mehr, als ob eine Hand zudrückt.»

Inzwischen hatte Jenny die Augen geschlossen und konzentrierte sich nach innen. Ich bat sie, das Gefühl der zudrückenden Hand behutsam zu begrüßen. «Sagen Sie einfach: ‹Ja, ich weiß, daß du da bist.›»

Diese Haltung war ihr völlig neu. «Ich habe es noch nie direkt angeschaut, sondern immer bloß versucht, es loszuwerden.» Deshalb dauerte es eine Weile, bis sie sich in diese neue Haltung hineinfand, aber dann spürte sie eine deutliche körperliche Erleichterung. «Es ist immer noch da, aber es tut nicht mehr weh. Es ist fast so, als ob es mir jetzt nicht mehr weh tun muß, weil es meine Aufmerksamkeit hat.»

Ich bat Jenny, sich innerlich zu der Empfindung zu setzen wie zu einer Freundin, einfühlsam und neugierig, wie es der Freundin geht.

Ein paar Minuten lang spürte Jenny mit geschlossenen Augen schweigend in sich hinein. Dann machte sie erstaunt die Augen auf. «Mensch, daß es so etwas sagt, hätte ich nie gedacht. Das ist ja wirklich verblüffend.»

Ich wartete ab. Den Rest würde sie mir schon erzählen, wenn sie soweit war.

Kurz darauf redete sie weiter. «Es sagt... es sagt, es liegt ihm was an mir! Es sagt, es will mich nur vor Fehlern bewahren!»

«Und wie fühlt sich das jetzt an?» fragte ich.

«Das enge oder zudrückende Gefühl ist völlig weg. Mein Hals fühlt sich offen und entspannt an. In meinem ganzen Körper breitet sich ein gutes, warmes Gefühl aus. Das ist ja verblüffend. Ich hätte nie gedacht, daß sich das so verändern würde!»

Dieses Beispiel zeigt, was beim Focusing passiert. Focusing ist ein körperorientierter Prozeß des Selbstwahrnehmens und der psychischen Genesung. Man nimmt einfach wahr, wie man sich fühlt – und dann knüpft man mit seinen eigenen Gefühlen ein Gespräch an, bei dem man hauptsächlich den Zuhörerpart übernimmt. Focusing beginnt mit der vertrauten Erfahrung, etwas im Körper zu spüren, das mit irgendeiner anstehenden Sache im eigenen Leben zu tun hat. Wenn einem im Magen flau wird, sobald man vor anderen reden soll, oder wenn sich ein enges Gefühl in der Brust bemerkbar macht, sobald man an den bevorstehenden wichtigen Anruf denkt, dann erfährt man, was man im Focusing Felt Sense nennt – eine Körperempfindung, die eine Bedeutung hat.

Und was machen Sie, wenn Ihnen flau wird, Sie ein enges Gefühl in der Brust bekommen oder sich Ihnen die Kehle zuschnürt? Wenn Sie so sind wie die meisten von uns, versuchen Sie, es loszuwerden. Vielleicht verwünschen Sie es ein bißchen: «Wieso muß dieses blöde Gefühl gerade jetzt kommen, wo ich doch mein Bestes geben soll?» Oder Sie hacken auf sich selbst herum: «Wenn ich ein besserer Mensch wäre, würde ich jetzt nicht so stocksteif werden.» Vielleicht machen Sie auch ein paar Atemübungen, trinken einen Schluck oder rauchen eine Zigarette.

Was Ihnen nicht einfällt – es sei denn, Sie kennen Focusing – ist, diesem Gefühl zuzuhören, *es zu Ihnen* sprechen zu lassen.

Dabei gestatten Sie sich genau dann, wenn Sie das Körpergefühl zu Wort kommen lassen, offen zu sein für die Tiefe und den Reichtum Ihrer ganzen Person. Außerdem wird das Gefühl sich viel eher entspannen, wenn Sie ihm zuhören. Es wird sich auflösen und Sie mit Ihrem Vorhaben klar und konzentriert fortfahren lassen. Vielleicht kommen Sie in diesem Bereich Ihres Lebens sogar auf eine Weise vorwärts, die Sie verblüfft und freut.

Focusing heißt, seinem Körper auf behutsame, annehmende Weise zuzuhören und die Botschaften anzunehmen, die das Innere einem sendet. Es ist ein Prozeß, bei dem man seine innere Weisheit respektiert und sich der unterschwelligen Wissensebene bewußt wird, die durch den eigenen Körper zu einem spricht.

Wenn man seinen Körper zu Wort kommen läßt, ergeben sich daraus Erkenntnisse, körperliche Entspannung und positive Veränderungen im Leben. Man versteht sich selbst besser, man fühlt sich besser, und man richtet sein Leben eher so ein, wie man es eigentlich gern hätte.

Wie Focusing entdeckt wurde

In den frühen sechziger Jahren begann Professor Eugene Gendlin an der Universität von Chicago der Frage nachzugehen, warum Psychotherapie manchen Menschen hilft und anderen nicht. Zu diesem Zweck studierten er und seine Kollegen einige hundert Tonbänder von Therapiesitzungen. Bei einer ganzen Reihe unterschiedlicher Therapeuten und Klienten nahmen sie den gesamten Therapieverlauf von der ersten bis zur letzten Sitzung auf. Dann baten sie sowohl Therapeuten als auch Klienten anzugeben, ob die Therapie erfolgreich gewesen sei. Zusätzlich setzten sie psychologische Tests zur Bestimmung positiver Veränderungen ein. Nur wenn alle drei Ergebnisse übereinstimmten – die Beurteilung des Klienten, des Therapeuten und des unabhängigen Tests –, wurde der Therapieverlauf in die Studie mit einbezogen. Zuletzt lagen also zwei Gruppen von Bändern vor: die von den erfolgreich und die von den erfolglos verlaufenen Therapien.

Anschließend verglichen die Wissenschaftler die Bänder, um herauszufinden, was den Unterschied zwischen Erfolg und Mißerfolg ausmachte. Zunächst hörten sie auf den Aufnahmen den Therapeuten zu. Es lag nahe anzunehmen, daß irgend etwas am Verhalten des Therapeuten bestimmte, ob die Therapie erfolgreich wurde oder nicht. Die Therapeuten in den erfolgreichen Therapien waren sicher irgendwie einfühlsamer, authentischer, nahmen die Klienten ernster oder waren schlicht intelligenter, vermuteten die Forscher. Tatsächlich aber ließ sich kein signifikanter Unterschied im Therapeutenverhalten feststellen. Im wesentlichen ähnelten sich die Therapeuten in beiden Tonbandgruppen. Sie gaben ihr Bestes – und manche Klienten machten Fortschritte, andere dagegen nicht.

Anschließend hörten die Forscher auf den Bändern den Klienten zu, und dabei machten sie eine faszinierende Entdeckung: Diesmal gab es tatsächlich einen Unterschied zwischen den erfolgreichen und erfolglosen Therapien. Diesen Unterschied hörte man bereits in der ersten oder zweiten Sitzung – und zwar bei den Klienten. Worauf es auch ankam, die erfolgreichen Klienten lernten es also nicht durch die Therapie, sondern konnten es bereits, als sie zur Tür hereinkamen.

Zu ihrer großen Überraschung fanden Gendlin und seine Forscherkollegen heraus, daß sie den Erfolg einer Therapie durch bloßes Anhören der Aufnahmen jedes beliebigen Erst- und Zweitgesprächs vorhersagen konnten. Wenn sie dem Klienten zuhörten, konnten sie tatsächlich prophezeien, ob die Therapie im Endeffekt erfolgreich sein würde oder nicht!

Und was war das? Was hörten die Wissenschaftler auf diesen Bändern, das ihnen die Vorhersage eines erfolgreichen Therapieverlaufs erlaubte?

Sie hörten folgendes: An irgendeiner Stelle in der Sitzung *verlangsamten* die Klienten *ihr Sprechtempo*, drückten sich *weniger klar* aus und begannen, *nach Worten zu suchen*, um zu beschreiben, was sie gerade spürten. Auf den Bändern hörte sich das etwa so an: «Hmmm. Wie soll ich das beschreiben? Es sitzt so hier. Es ist... hm... es ist... nicht richtig Wut... hmmm.» Oft erwähnten die Klienten, daß sie dieses Gefühl an einer bestimmten Stelle im Körper spürten, zum Beispiel: «Es ist hier in der Brust», oder «Ich hab da dieses komische Gefühl im Bauch».

Die erfolgreichen Klienten hatten also eine vage, schwer zu beschreibende Körperempfindung, die sie während der Sitzung direkt wahrnahmen. Die erfolglosen Therapieklienten dagegen drückten sich die ganze Sitzung hindurch klar aus! Sie blieben «im Kopf». Sie spürten nicht in ihren Körper hinein, und sie hatten nie ein Gefühl, das zunächst schwer zu beschreiben war. Sie konnten ihre Probleme noch so genau analysieren, erklären, darüber nachgrübeln oder sich die Augen ausweinen – im Endeffekt blieb ihre Therapie doch erfolglos.

Eugene Gendlin entschloß sich herauszufinden, wie man diese Fertigkeit lehrbar machen kann, die den entscheidenden Unterschied zwischen erfolgreicher und erfolgloser Therapie ausmacht. Als Therapeut wollte er nicht einfach tatenlos zusehen, wie es manchen seiner Klienten besser ging und anderen nicht. Er wollte allen helfen.

Gendlin fand tatsächlich einen Weg, wie man diese so wirkungsvolle Fertigkeit zur psychischen Genesung lehren kann, und nannte sie «Focusing». Zunächst dachte er, Focusing diene nur dazu, Psychotherapie zu verbessern. Doch dann wollten immer mehr Menschen Focusing von ihm zu anderen Zwecken lernen: als Selbsthilfetechnik anstelle einer Therapie, um Entscheidungen besser zu treffen oder um für bestimmte Projekte Kreativität freizusetzen. 1978 veröffentlichte er ein Buch mit dem Titel *Focusing*, von dem mittlerweile mehrere hunderttausend Exemplare verkauft sind. Das Interesse an Focusing war so groß, daß Gendlin Workshops einrichtete und das *Focusing Institute* aufbaute, um für das weltweit wachsende Netz von Menschen, die Focusing betreiben, einen Ansprechpartner zu schaffen. (Informationen darüber, wie Sie sich mit diesem Netz in Verbindung setzen können, finden Sie im Anhang.)

Focusing ist eine natürliche Fähigkeit, die entdeckt, nicht erfunden wurde – und zwar, indem man beobachtet hat, was Menschen machen, wenn sie sich erfolgreich ändern. Das Vermögen zum Focusing ist eine natürliche menschliche Anlage, wir haben eigentlich ein Recht darauf. Wir werden alle mit der Fähigkeit geboren zu wissen, wie wir uns jeweils fühlen. Für die meisten von uns haben allerdings schmerzhafte Erfahrungen in der Kindheit oder später bewirkt, daß wir das Vertrauen in unseren Körper und unsere Gefühle verloren haben. Wir müssen Focusing erst wieder lernen.

Für wen ist Focusing geeignet?

Focusing ist eine sehr vielfältig einsetzbare Fähigkeit; es ist nicht nur für einen bestimmten Anwendungsbereich gedacht, sondern für alle möglichen Zwecke. Wunderbarerweise kann man Focusing erlernen und dann ein Leben lang nutzen, wann immer man es braucht. Jennys Geschichte am Beginn dieses Kapitels ist ein Beispiel dafür, wie man Focusing dazu verwenden kann, ein aufdringliches Körpersignal wie eine zugeschnürte Kehle zu verstehen und zu verändern. Hier sind ein paar weitere Anwendungsbereiche für Focusing:

Wenn Sie das Gefühl haben, in Ihrer Therapie ins Stocken geraten zu sein

Wer eine Psychotherapie macht, aber das Gefühl hat, dort steckengeblieben zu sein, beschließt oft, Focusing zu lernen, um wieder Bewegung in die Therapie zu bringen. Man hat den Eindruck, die Therapie habe eine Weile Fortschritte gebracht, doch dann sei sie irgendwie ins Stocken geraten. «Ich sage immer wieder dasselbe und habe immer wieder dieselben Erkenntnisse», berichtete mir eine solche Klientin. «Da ist irgendwas, an das ich nicht rankomme, das weiß ich genau, aber ich habe keine Ahnung, was das ist.»

Manche Therapeuten integrieren Focusing-Techniken in ihre Therapie. Andere empfehlen ihren Klienten, Focusing zu lernen und zwischen den Sitzungen zu üben. Wenn Sie zur Zeit eine Therapie machen und gern hätten, daß Ihre Therapeutin mit Focusing arbeitet, bekommen Sie dazu Tips im elften Kapitel «Wenn Sie gerade eine Therapie machen».

Wenn Sie gern genauer wüßten, was Sie spüren und wollen

Viele Menschen haben keinen Kontakt zu ihren Gefühlen und Wünschen. Männer sind oft darauf getrimmt, Gefühle zu ignorieren, besonders «schwächere» und zartere Gefühle wie Angst und Traurigkeit. «Wenn man mich fragt, wie es mir geht, kriege ich eine totale Mattscheibe. Da ist irgendwie überhaupt nichts.» Frauen sind dagegen oft darauf getrimmt, sich unterzuordnen, ihre eigenen Gefühle abzutun und die Gefühle anderer für wichtiger zu erachten. Als Folge davon wissen wir oft überhaupt nicht mehr, was wir fühlen und wollen. Wir sind abgeschnitten von unserem Körper, der Quelle, die uns sagen könnte, wie wir uns fühlen. Focusing holt uns in den Körper zurück und bringt uns wieder in Verbindung mit dem, was für uns wirklich ist: mit unseren Gefühlen, Bedürfnissen und Wünschen.

Wenn Sie lernen möchten, mit überwältigenden Gefühlen umzugehen

Heftige Gefühle wie Traurigkeit, Angst oder Wut können einen manchmal richtig überwältigen. Sie schlagen über uns zusammen wie eine Ozeanwelle, schütteln uns durch wie ein Sturm, und angesichts ihrer Wucht fühlen wir uns oft ganz hilflos. Doch diese Emotionen sind aus gutem Grund so heftig. Sie haben uns eine wichtige Geschichte zu erzählen; sie bringen uns ein bedeutendes Stück unserer Ganzheit zurück. Focusing läßt Sie diese Geschichte anhören und das Gute dieser heftigen Gefühle empfangen, ohne von ihnen überwältigt zu werden. Mit Focusing lernen Sie, wie man zu starken Emotionen eine gute Beziehung bekommt, wie man sie zur Kenntnis nimmt und ihnen zuhört, anstatt in ihnen zu ertrinken.

Wenn Sie Blockaden lösen oder sich aus einer Abhängigkeit befreien möchten

Eine Blockade ist jede Stelle in Ihrem Leben, an der Sie etwas tun möchten, es aber unterlassen. Die häufigsten Blockaden sind die Ordnungshemmung (zum Beispiel nie zu schaffen, seinen Schreibtisch aufzuräumen) und die Schreibhemmung. Die Allzweckblockade heißt «Verschieben-wir's-auf-morgen». Wenn Sie die Leerstelle in folgendem Satz ausfüllen können: «Ich möchte ______________, aber ich tu's nicht», dann haben Sie eine Blockade.

Eine Abhängigkeit funktioniert wie eine umgekehrte Blockade. Dann heißt der Satz: «Ich möchte mit dem ______________ aufhören, aber ich tu's nicht.»

Focusing hilft Ihnen dabei, Blockaden oder Abhängigkeiten loszuwerden, indem Sie lernen, dem Teil von Ihnen mitfühlend zuzuhören, der für die Blockade oder Abhängigkeit verantwortlich ist, und ihn zur Mitarbeit zu gewinnen.

Wenn Sie Ihre überzogene Selbstkritik loswerden wollen und lernen möchten, sich zu mögen und anzunehmen

«Du hast schon wieder alles falsch gemacht. Du lernst es nie. Gib lieber gleich auf.»

«Mit dir stimmt grundsätzlich etwas nicht. Du bist so verkorkst, daß du nie auf einen grünen Zweig kommen wirst.»

«Du bist komisch. Zeig bloß keinem anderen, wie komisch du bist – sonst will kein Mensch mehr etwas von dir wissen.»

Wer sagt Ihnen diese fürchterlichen Dinge vor? Wenn Sie so

sind wie die meisten Menschen, sagen Sie so etwas höchstens zu sich selbst. Wir sind typischerweise zu uns selber viel strenger und grausamer als zu irgend jemand anders. Focusing hat wirkungsvolle Mittel parat, mit denen Sie sich von überzogener Selbstkritik und anderen Formen der inneren Sabotage befreien können. Sie lernen, Ihren inneren Kritiker in einen Helfer und Verbündeten zu verwandeln. Sie lernen auch, sich selbst und sämtliche Teile von Ihnen immer mehr zu mögen und zu akzeptieren. Und dieses Sich-selbst-Annehmen trägt dann dazu bei, daß Sie sich in den änderungsbedürftigen Bereichen Ihres Lebens schneller und nachhaltig ändern können.

Wenn Sie gern klare, stimmige Entscheidungen treffen würden

Jeder Mensch muß täglich Entscheidungen treffen: kleine Entscheidungen wie «Was soll ich heute abend essen?» und große wie «Was soll ich mit dem Rest meines Lebens anfangen?» Wenn einem das Entscheiden nicht leicht fällt, kann der Alltag zu einem regelrechten Spießrutenlauf werden. Entscheidungsschwierigkeiten gehen oft mit Orientierungslosigkeit, Selbstzweifeln und Angst einher.

«Ich möchte Focusing lernen», erklärte mir ein Mann, «weil ich merke, daß ich mich bei Entscheidungen im Endeffekt nach dem richte, was ich tun sollte, weil andere das finden oder weil es in unserer Gesellschaft so üblich ist. Und das paßt mir nicht.»

Für die klassische Art, eine Entscheidung zu treffen, zieht man auf einem Blatt Papier eine senkrechte Linie und listet auf der einen Seite auf, was dafür-, und auf der anderen, was dagegenspricht. Haben Sie das schon einmal gemacht und waren hinterher genauso unentschlossen wie zuvor? Die Schwierigkeit liegt darin, daß man rein logisch an die Entscheidung herangeht – und die Logik nutzt ja nur einen Teil von uns. Entscheidungen, insbesondere wichtige, müssen wir aber aus unserer ganzen Person heraus treffen. Focusing ist eine vorzügliche Entscheidungshilfe, weil Sie damit auf einer Ebene jenseits der logischen Analyse erspüren können, ob Sie sich richtig entscheiden. Focusing befähigt Sie, eine Wahl zu treffen, die in einem ganzheitlichen Sinn für Sie richtig ist, die also sämtliche Faktoren zugleich in den Entscheidungsprozeß mit einbezieht.

Die Weisheit des Körpers

Es gehört immer mehr zum Allgemeinwissen, daß wir unseren Körper fragen können, wie wir uns richtig ernähren sollen und wieviel Sport wir brauchen. Viele Menschen verstehen inzwischen, daß unser Körper «weiß», was Gesundheit ist, und daß er uns den Weg zu bestmöglicher Gesundheit zeigen kann, wenn wir das wollen. Die Weisheit des Körpers nur auf die physische Seite beschränkt zu sehen, ist allerdings zu kurz gedacht. Es steckt viel mehr dahinter.

Tatsächlich ist unser Körper in vielen Hinsichten weise, die von unserer Kultur kaum anerkannt werden. Unser Körper birgt Wissen darüber in sich, wie wir unser Leben leben, was wir brauchen, um uns ungehindert zu entfalten, was wir schätzen und woran wir glauben, was uns gefühlsmäßig verletzt hat und wie wir es heilen können. Unser Körper weiß, welche Menschen in unserem Umkreis das Beste aus uns herausholen und welche Menschen uns nur Kraft kosten. Und unser Körper weiß, welcher nächste Schritt uns einem erfüllteren Leben näherbringt.

Unser Verstand allein weiß das alles nicht. Unser Verstand kann die Vergangenheit speichern, er kann wiederholen, was andere gesagt haben, und er kann sich für die Zukunft alles mögliche ausmalen, das uns entweder wünschenswert erscheint oder angst macht. Doch Veränderung findet weder in der Vergangenheit noch in der Zukunft statt, den beiden hauptsächlichen Domänen des Verstandes, sondern in der Gegenwart. Unser Körper hat die Gabe, immer in der Gegenwart, immer *hier* zu sein. Um zu dem Teil von Ihnen zu gelangen, der die Fähigkeit zur grundlegenden Veränderung besitzt, müssen Sie nur Ihre Aufmerksamkeit auf Ihren Körper richten.

Focusing ist der Weg in dieses ungeheuer weite Wissensgebiet und zu diesem aufregenden Veränderungspotential. Focusing läßt Sie eine vertrauensvolle Beziehung zu Ihrem Körper aufbauen, so daß Sie die Weisheit dieses großen Teils von Ihnen, zu dem Sie durch Körperwahrnehmung Zugang haben, allmählich immer besser verstehen können. Focusing läßt Sie auf das Flüstern Ihres Körpers lauschen, bevor er anfangen muß zu schreien. Focusing ist der Schlüssel dazu, wie Sie Ihr Leben auf eine Weise verändern können, die Ihren inneren Richtigkeitssinn befriedigt.

Im nächsten Kapitel möchte ich eine kleine «Führung» durch einen Focusing-Prozeß veranstalten, damit Sie einen Eindruck davon bekommen, was es heißt, zu fokussieren. Im dritten Kapitel möchte ich die Voraussetzungen für Ihr eigenes Focusing schaffen, indem ich beschreibe, wie man ein inneres Klima des Vertrauens und der Geborgenheit aufbaut. Im vierten und fünften Kapitel lernen Sie, wie Sie selbst fokussieren können. Im sechsten Kapitel zeige ich Ihnen, wie Sie die Geschenke – die positiven Gefühle – empfangen, die aus dem Focusing resultieren. Das siebte Kapitel enthält ein paar Geschichten über Menschen, die Focusing für spezielle Zwecke eingesetzt haben, etwa um Entscheidungen zu treffen oder mit überwältigenden Gefühlen umzugehen. Im achten Kapitel helfe ich bei typischen Problemen und Fragen weiter. Im neunten, zehnten und elften Kapitel geht es ums partnerschaftliche Focusing mit einer Freundin oder einem Freund, um Focusing mit Ihren Klienten, wenn Sie Therapeutin sind, und Ihrem Therapeuten, wenn Sie Therapieklientin sind.

2 Der Focusing-Prozeß

Als kleine «Führung» durch einen Focusing-Prozeß möchte ich Ihnen eine Geschichte erzählen, und zwar wie Ted mit Hilfe von Focusing herausfand, wie er sich fühlt. An den entsprechenden Stellen werde ich dabei auf die verschiedenen Focusing-Haltungen und -Fertigkeiten hinweisen, die er jeweils einsetzt.

Ted war immer frustriert, wenn seine Frau ihn fragte, wie er sich fühle, und er keine Ahnung hatte, was er antworten sollte. Seine Frau erkundigte sich aber beharrlich immer wieder nach seinen Gefühlen, bis ihm schließlich bewußt wurde, daß er diese Frage noch nie hatte beantworten können. Er hatte nie verstanden, woran andere Leute merkten, wie sie sich fühlen.

Ted entschloß sich, es mit Focusing zu probieren. Zunächst lernte er, seine inneren Körperempfindungen wahrzunehmen, besonders die im Hals, in der Brust und im Bauchraum. Das war für ihn neu; kein Mensch hatte ihn bisher dazu angehalten, seinen Körper wahrzunehmen. Sein Vater und die älteren Brüder hatten nie über Gefühle gesprochen. In der High-School und auf dem College hatte er viel Sport getrieben und tunlichst nicht zu sehr auf die Schmerzen und Verletzungen geachtet, die er sich dabei zuzog.

Als Ted zum ersten Mal die Augen schloß und in seinen Körper hineinspürte, betrat er also Neuland. Es dauerte eine Weile, bis er überhaupt «hineinkam». Er erinnerte sich an seine letzte Erkältung und prüfte, ob ihm der Hals noch weh tat. Das tat er nicht – dafür war Ted mit seiner Aufmerksamkeit jetzt immerhin in seinem Hals. Von dort aus war es dann relativ leicht, auch in seine Brust und in den Bauchraum hineinzuspüren.

Focusing beginnt damit, daß man seine Aufmerksamkeit in den Körper hineinlenkt, besonders in den Hals, die Brust und den Bauchraum.

Zunächst spürte Ted nichts und wollte schon fast entmutigt wieder aufgeben. Aber dann probierte er es mit der Focusing-Frage: «Was verlangt denn jetzt nach meiner Aufmerksamkeit?» Und dann wartete er einfach ab und nahm wahr. Er merkte, daß sich sein Bauch ganz verkrampft anfühlte – und das anscheinend schon seit langem. Er spürte nicht *nichts*, sondern fühlte sich einfach *normal* – und normal bedeutete «verkrampfter Bauch».

Wir bemühen uns nicht, ein Gefühl zu finden oder irgend etwas herbeizuführen, sondern wir laden etwas ein, sich spüren zu lassen, indem wir eine sanfte, offene Frage stellen, zum Beispiel: «Was verlangt denn jetzt nach meiner Aufmerksamkeit?»

Ted blieb in dem verkrampften Gefühl und erkannte innerlich an, daß es da war. Sobald er es begrüßte, machte sich zu seiner Überraschung eine ansatzweise Erleichterung bemerkbar. Das Gefühl war zwar noch da, fühlte sich aber nicht mehr ganz so unverrückbar an. Er versuchte, es zu benennen, und das Wort «verkrampft» paßte recht gut, für den Augenblick jedenfalls gut genug.

Wenn wir auf ein Gefühl stoßen, erkennen wir es zunächst innerlich an, indem wir es begrüßen, und dann beschreiben oder benennen wir es.

Dann machte sich Ted daran, das verkrampfte Gefühl besser kennenzulernen. Er wußte nun, daß es schon seit langem bestand, und er war ehrlich neugierig darauf, was er erfahren würde. Zum ersten Mal in seinem Leben zog er in Betracht, daß ein solches Gefühl womöglich nicht einfach irgendein innerlicher Defekt von ihm war, sondern einen Grund für sein Dasein hatte.

In der nächsten Focusing-Phase setzen wir uns mit einer Mischung aus Neugier und Interesse mit dem Gefühl zusammen, um es besser kennenzulernen.

Zunächst fühlte sich das Gefühl wie eine stabile Mauer an, ohne irgendeine Bedeutung. Dann kam Ted allmählich die Ahnung, daß dieser verkrampfte Teil von ihm Angst hatte. Er überprüfte das Wort «Angst» an dem Gefühl und spürte, daß es sich noch ein bißchen mehr verkrampfte. Jawohl! «Angst» stimmte.

Wir lassen in aller Ruhe noch etwas mehr Bedeutung aus dem Gefühl kommen, vielleicht eine Bezeichnung für eine emotionale Qualität wie «ängstlich», «scheu» oder «rebellisch». Dann überprüfen wir das Wort an dem Gefühl, um sicherzustellen, daß es sich richtig anfühlt. Dazu pendeln wir innerlich zwischen den beiden hin und her und vergleichen sie.

Ted stellte fest, daß er am liebsten sofort seinem Bauch gesagt hätte, es gebe keinen Grund, Angst zu haben. Er wußte aber, daß man beim Focusing davon ausgeht, daß es für jedes Gefühl einen guten Grund gibt, auch wenn man ihn noch nicht kennt. Folglich blieb er bei dem verkrampften, ängstlichen Gefühl. Eine Weile atmete er einfach und ließ es dasein. Dann fragte er es: «Sag mal, was macht dir denn solche Angst?»

Wir haben es nicht eilig. Wir schaffen eine innere Atmosphäre ohne Druck, indem wir einfach bei dem bleiben, was da ist. Dann stellen wir unaufdringliche Fragen, um die Empfindung einzuladen, uns mehr zu erzählen.

Es dauerte eine Weile, bis Ted die Antwort spürte, aber inzwischen hatte er schon gelernt, geduldig zu sein. Er bekam allmählich ein Gefühl dafür, wie anstrengend es für dieses verkrampfte Etwas in ihm war, so angespannt zu bleiben. «Es hat Angst», erkannte er, «und es hat auch Angst davor zu zeigen, daß es Angst hat.» Als er das aussprach, spürte er, wie sich sein Bauch entspannte, als würde etwas in ihm sagen: «Bin ich froh, daß du mich gehört hast.»

Die Entspannung fühlte sich gut an, und Ted wollte an dieser Stelle schon fast mit dem Focusing aufhören. Das wäre natürlich auch völlig in Ordnung gewesen; er hätte irgendwann später wieder zu seinem Körper zurückkehren können. Er war aber immer noch neugierig, und sein Bauch war immer noch ein bißchen verkrampft, nur nicht mehr so fest wie zuvor.

Beim Focusing kommt die Veränderung in Schritten, durch (oft) kleine Erkenntnisse, von denen sich jede einzelne richtig anfühlt und im Körper bemerkbar macht. Nach jeder Erkenntnis könnten wir aufhören und irgendwann später weiterfokussieren, wir können aber auch weitermachen, zum Beispiel wieder mit einer unaufdringlichen Frage.

Er stellte der verkrampften Stelle noch einmal die gleiche Frage, so sanft, wie er eines seiner eigenen Kinder nach einem Alptraum gefragt hätte: «Was macht dir denn gerade solche Angst, hm?» Da kam ihm plötzlich eine Erinnerung von früher in den Sinn, wie sein Vater zusammengesunken im Sessel sitzt, während seine Mutter mit erbostem Gesicht in der Tür steht. Dazu kam der Satz: «Ich darf nicht versagen.»

«Ich hör dich», flüsterte Ted seinem Körper zu. «Du meinst, Versagen ist nicht erlaubt.»

Teds Bauch entspannte sich zutiefst, als würde dort irgend etwas erleichtert losgelassen. Er erlebte ein ganz neues Gefühl: ein vollkommen entspannter Bauch, und das zum ersten Mal seit Jahren! Was für ein Geschenk!

Die Bedeutung, die der Körper in sich birgt, ist manchmal an eine Erinnerung, eine Überzeugung oder Haltung, ein unbefriedigtes Bedürfnis oder einen unausgedrückten Teil von uns gekoppelt. Wir müssen das Problem nicht «lösen». Die Botschaft zur Kenntnis zu nehmen, sie wirklich anzuhören, das allein bringt eine tiefe Erleichterung.

Um seine Focusing-Sitzung abzuschließen, nahm Ted sich noch die Zeit, sein neues entspanntes Gefühl zu genießen. Ein Teil von ihm wollte sich schon wieder verkrampfen, merkte er. «Wie soll das denn das Problem lösen?» fragte dieser Teil. Sanft, aber bestimmt stellte Ted diese Frage beiseite und spürte einfach wieder in seinen Körper hinein. Er fragte, ob das eine gute Stelle sei, um mit dem Focusing für den Augenblick aufzuhören, und bekam das deutliche Gefühl, daß er die Entspannung noch eine Weile still auskosten wollte. Also tat er das. Dann bedankte er sich bei seinem Körper und kündigte an wiederzukommen. Ganz allmählich, ein paar Minuten, nachdem er zum ersten Mal ans Aufhören gedacht hatte, öffnete er die Augen.

Eine Focusing-Sitzung wird langsam und respektvoll beendet. Gute Gefühle möchte man vielleicht noch eine Weile auskosten, und dann bedankt man sich bei seinem Körper und verspricht, daß man wiederkommt.

Als Ted ein paar Stunden später mit einem Kunden telefonierte, spürte er, wie sich sein Bauch wieder verkrampfte. Nach dem Gespräch machte er vor dem nächsten Anruf eine kleine Pause und blieb einfach bei dem Gefühl im Bauch. Er erkannte: Sobald er in der Stimme seines Kunden einen ungeduldigen, erbosten Unterton gehört hatte, meldete sich die Stelle in ihm, die Angst vor dem Versagen hatte. Als ihm das bewußt wurde, löste sich die Verkrampfung.

Bestimmte Lebensumstände bringen oft Gefühle zurück, die in einer Focusing-Sitzung da waren. Das ist dann eine Gelegenheit zum «Mini-Focusing» – mitten im Alltag.

Als Ted abends nach Hause kam, fragte ihn seine Frau wie üblich, wie er sich fühle. «Ich bin aufgeregt und habe auch ein bißchen Angst, weil ich etwas Neues lerne und noch nicht weiß, wohin mich das führt.» Dann prüfte er das in seinem Körper nach, und es stimmte: Er war tatsächlich aufgeregt und hatte ein bißchen Angst. Seine Frau war sprachlos – sie konnte ihn nur noch ganz fest umarmen.

3 Vertrauen und Geborgenheit

Stellen Sie sich vor, Sie stehen auf einer Wiese am Waldrand. Plötzlich lugt ein scheues Tier aus dem Wald. Sie wissen, daß weder dieses Tier Ihnen noch Sie ihm gefährlich sind, und Sie hätten gern, daß es sich in Ihrer Gegenwart sicher fühlt. Was würden Sie tun? Welche Stimmung würden Sie nach Möglichkeit verbreiten? Was würden Sie nicht tun?

Sicher würden Sie nicht schreiend auf das Tier zurennen, sondern geduldig stillhalten. Bewegen würden Sie sich, wenn überhaupt, nur langsam und vorsichtig. Sie würden das Tier aufmerksam und interessiert beobachten und sorgfältig auf Zeichen achten, ob Sie vielleicht näher kommen dürfen.

Focusing ist ein Prozeß, bei dem man etwas in seinem Inneren zuhört, das mit einem kommunizieren will. Allerdings muß dieses Etwas in Ihnen womöglich wie ein scheues Tier erst zu Ihnen Vertrauen fassen und spüren, daß Sie ihm einen sicheren Platz geschaffen haben, bevor es seine Botschaft an den Mann oder die Frau bringen kann. In diesem Kapitel geht es um die Frage, wie man in seiner inneren Welt die vertrauensvolle, sichere Atmosphäre schaffen kann, in der Focusing erst möglich wird.

Es sein lassen, wie es ist

Spüren Sie doch mal einen Augenblick in sich hinein, wie Sie sich gerade fühlen, und versuchen Sie, das Gefühl einfach dasein zu lassen. Ob gut, schlecht oder mittelmäßig, wütend, traurig oder ängstlich, gelangweilt, unruhig oder fröhlich – nehmen Sie einfach wahr, wie Sie sich fühlen, und nehmen Sie wahr, ob Sie sagen können: «Jawohl, so fühle ich mich.»

Achten Sie darauf, ob es für Sie schwierig oder ungewohnt ist, Ihre Gefühle einfach dasein zu lassen. Vielleicht neigen Sie ja wie so viele dazu, Ihre Empfindungen sofort zu zensieren, kaum haben Sie sie wahrgenommen: «Eigentlich dürfte ich mich nicht so fühlen. Was bin ich doch für ein schrecklicher Mensch, weil ich mich so fühle!» Vielleicht versuchen Sie auch, Ihren Gefühlen mit «Vernunft» zu kommen: «Es gibt doch keinen Grund, Angst zu haben.» Oder Sie versuchen, sich Ihre Gefühle auszureden: «Ach, so schlimm ist es auch wieder nicht. Anderen geht es noch viel schlechter.» Oder Sie versuchen, Ihre Gefühle zu analysieren: «Wieso bloß? Wieso fühle ich mich immer so? Wieso kann ich mich nicht ändern?»

Wie Sie vielleicht schon festgestellt haben, hilft einem all das überhaupt nicht weiter. Man ändert sich nicht. Jedesmal, wenn Sie an sich herumkritteln, sich Ihre Gefühle ausreden wollen oder über deren Ursachen nachgrübeln, treten Sie auf der Stelle und fühlen sich vermutlich sogar noch schlechter als zuvor.

Dabei kann ich Ihnen eines versichern, denn ich habe es Hunderte von Malen erlebt, und es hat sich immer wieder erwiesen: Wenn Sie Ihren Gefühlen erlauben, zu sein, wie sie sind, dann können sie sich ändern. Wenn Sie dagegen versuchen, sie zu ändern, dann bleiben sie, wie sie sind. Gene Gendlin hat das so gut ausgedrückt:

Was abgespalten ist und nicht gespürt wird, bleibt gleich. Wenn es gespürt wird, verändert es sich. Die meisten Menschen wissen das nicht. Sie glauben, wenn sie sich ihre negativen Gefühle nicht gestatten, werden die irgendwie besser. Doch genau dadurch bleiben diese negativen Gefühle im Gegenteil statisch, bleiben über Jahre hinweg dieselben. Ein paar Momente lang ein solches Gefühl im Körper zu spüren erlaubt ihm dagegen, sich zu verändern. Wenn es in Ihnen etwas Dumpfes, Drückendes, Unangenehmes gibt, dann lassen Sie es innerlich dasein und atmen. Nur so kann es sich entwickeln und die Form annehmen, die es braucht.

Ein inneres Klima, das etwas innerlich dasein lassen kann, ist nötig für Veränderungen. Und das ist gut so. Sie glauben vielleicht, wenn Sie Ihren Gefühlen die Erlaubnis geben, dazusein, werden sie stärker oder geraten womöglich außer Kontrolle. Dabei werden Sie feststellen, daß genau das Gegenteil der Fall ist. Ihre Gefühle werden stärker und quälender, wenn sie nicht dasein dürfen. Wenn sie dagegen dasein dürfen, beruhigen sie sich und «reden» mit Ihnen, und dieser Dialog führt zur Veränderung.

Eine Beziehung zu den eigenen Gefühlen finden

Mit Ihrem inneren Erleben in eine Beziehung zu treten erlaubt Ihnen, *bei* Ihren Gefühlen zu sein, statt *in* ihnen. Viele Menschen glauben, man könne starke Emotionen dadurch verändern, daß man mitten hineinspringt, sie intensiv spürt und durchlebt. Wenn Sie das lieber nicht tun, haben Sie sich womöglich im Verdacht, «Widerstände» zu haben und «veränderungsscheu» zu sein.

Focusing dagegen lehrt uns, daß eine Veränderung am leichtesten durch eine Beziehung zu Ihren Gefühlen zustande kommt. Und Sie können keine Beziehung zu etwas haben, in dem Sie bis zum Hals drinstecken!

Stellen Sie sich Ihre Gefühle als großen See vor. Sie haben die Wahl: Sie können hineinspringen oder sich ans Ufer setzen. Focusing gelingt am besten, wenn Sie sich sozusagen «ans Ufer» Ihrer Gefühle «setzen», statt hineinzuspringen.

Wenn Sie eine Beziehung zu etwas haben, können Sie es als Ganzes erspüren. Wenn man mitten drinsteckt, fällt einem das Wahrnehmen schwerer – so wie ein Fisch sich schwertut, Wasser wahrzunehmen. Als ich mit Gene Gendlin als Focusing-Trainerin zusammengearbeitet habe, hat er immer gesagt: «Wenn du wissen willst, wie die Suppe riecht, steckst du ja auch nicht den Kopf in die Schüssel.»

Wenn Sie zu dem, was da ist, eine Beziehung haben, können Sie ihm zuhören. Es kann Ihnen seine Geschichte erzählen. Wenn Sie es *sind*, ist keiner mehr da, der sich die Geschichte anhört. Durch diese innere Beziehung leisten Sie sich selbst die Gesellschaft, die so hilfreich, wirkungsvoll und heilsam ist.

Wenn Sie also merken, wie Sie «Ich bin traurig» sagen, ändern Sie den Satz um in «*Ein Teil von mir* ist traurig», «Ich *habe* ein trauriges Gefühl» oder «*Ich weiß, daß* da *etwas* traurig ist». Dann wird das traurige Gefühl zu etwas, dem Sie Gesellschaft leisten können, statt es vom Scheitel bis zur Zehe zu spüren, weil es dann ein Teil von Ihnen ist, und nicht Ihre ganze Person.

Sich selbst ein guter Zuhörer sein

Können Sie sich an eine Situation erinnern, in der Ihnen jemand einmal wirklich zugehört hat? Erinnern Sie sich, wie gut sich das anfühlte? Womöglich haben Sie sich plötzlich selber besser verstanden und geklärt, was Sie dachten und fühlten – einfach, weil jemand zugehört hat.

Vielleicht erinnern Sie sich auch an eine Situation, in der Sie sich ausdrücken wollten, ohne daß der andere Ihnen zugehört hat. Statt dessen bekamen Sie vielleicht Kritik, die Erfahrungen Ihres Gegenübers oder gutgemeinte Ratschläge vorgesetzt. Aber Ratschläge sind kein Zuhören. Wenn Sie angehört werden wollten und statt dessen nur Kritik oder Ratschläge geerntet haben, wurden Sie wahrscheinlich noch konfuser, frustrierter oder aufgewühlter, statt klarer im Kopf. Und vermutlich war Ihnen nicht danach, noch einmal zu diesem Menschen zu gehen, wenn Sie das Bedürfnis nach einem Zuhörer hätten.

Focusing heißt, seinem Inneren ein guter Zuhörer zu sein. Es gibt Teile von Ihnen, die angehört werden wollen, ohne Urteil, ohne Kritik, ohne gute Ratschläge. Beim Focusing können Sie sich selbst dieses unvoreingenommene Zuhören schenken, das sich so wohltuend anfühlt und mehr Klarheit schafft. Gutes Zuhören heißt:

- eine einladende Haltung einnehmen,
- ein Gegenüber bieten,
- auf den Kern der Botschaft hören,
- in der Gegenwart bleiben.

Eine einladende Haltung bedeutet, daß man an allem interessiert ist, dessen man sich innerlich bewußt wird. Jedes Gefühl, das man wahrnimmt, auch wenn es zunächst noch so negativ oder schlimm scheint, hat einen guten Grund, so zu sein, wie es ist. Eine einladende Haltung gibt ihm den Raum, dazusein und zu atmen, sich zu entwickeln und sich zu verändern.

Ein Gegenüber zu bieten heißt, die Aufmerksamkeit auf die eigene innere Welt zu lenken und sie dort verweilen zu lassen. Als würde man zu seinem Inneren sagen: «Ich bin da, und ich bleibe bei dir.»

Auf den Kern der Botschaft zu hören bedeutet, auf das zu horchen, was sich so gern verständlich machen will. Wenn etwas gerade hochkommt, ist seine Botschaft womöglich noch schwer zu verstehen. Wenn Sie aber immer weiter darauf horchen, was «es» Ihnen verständlich machen will, wird die Botschaft immer klarer.

In der Gegenwart zu bleiben heißt, sich weder durch Ereignisse aus der Vergangenheit ablenken zu lassen noch durch Ängste oder Wunschvorstellungen, die sich in die Zukunft richten. Es bedeutet, in Verbindung mit dem zu bleiben, wie man sich in seinem Körper im gegenwärtigen Augenblick fühlt, selbst wenn das, worauf man fokussiert, mit der Vergangenheit oder Zukunft zu tun hat. Sobald Sie merken, daß Sie von der Gegenwart abgedriftet sind, fragen Sie sich am besten: «Wie geht es mir jetzt gerade in meinem Körper? Was nehme ich jetzt gerade wahr?»

Dem Felt Sense ein Freund sein

Im Focusing ist man sozusagen seinem eigenen inneren Erleben ein guter Freund. In einer echten Freundschaft begegnet man einander mit Anerkennung, Toleranz, Geduld, Neugier, Respekt, Wärme, Wohlwollen, Verständnis und Liebe. Wenn Sie glauben, daß Sie sich selbst nicht auf Anhieb so ein toller Freund sein können – keine Sorge: diese Freundschaft läßt sich Schritt für Schritt aufbauen. Als erstes brauchen Sie nur «Guten Tag» zu sagen.

Sobald Sie ein Gefühl wahrnehmen, begrüßen Sie es mit einem: «Hallo. Ich weiß, daß du da bist.» Das klingt vielleicht lächerlich, ist aber ein so hilfreicher Schritt, daß Sie sich vermutlich allein dadurch erleichtert fühlen werden. Es ist erstaunlich, wie oft wir genau diesen Schritt nicht tun. Wir ignorieren unsere Gefühle, wir versuchen sie loszuwerden, wir streiten mit ihnen – aber wir nehmen sie nicht wirklich zur Kenntnis. Wir behandeln unsere Körpergefühle wie unwillkommene Partygäste, über die man redet, ohne sie je direkt anzusprechen.

Wenn die Felt Senses besonders intensiv sind oder uns Angst machen, wird das Begrüßen sogar noch wichtiger. «Ich spüre diesen Druck auf der Brust, und er wird immer stärker und stärker!» sagte Rebecca in einer Sitzung. «Vielleicht begrüßen Sie ihn einfach einmal», schlug ich vor. «Oh! Jetzt läßt er ein ganzes Stück locker!» berichtete sie, verblüfft, daß das bloße Zur-Kenntnis-Nehmen so viel ausmachen kann.

Das aktive Zur-Kenntnis-Nehmen ist so wirkungsvoll, weil Ihre Felt Senses auf Kommunikation aus sind. Verzeihen Sie, wenn ich über Körpergefühle spreche, als wären sie Menschen, aber es stimmt einfach, sie wollen tatsächlich, daß Sie ihnen zuhören. Sie wollen sich verständlich machen. Der Druck auf der Brust wurde vermutlich immer stärker vor lauter Panik, ob Rebecca ihm überhaupt zuhören würde. Sobald sie ihn begrüßte, konnte er sich etwas entspannen, weil er merkte, daß sie seine Existenz zur Kenntnis genommen hatte und sich seine Geschichte anhören würde.

Ich kann nicht genügend betonen, wie wichtig es ist zu begrüßen, was Sie in Ihrem Körper vorfinden. Immer wieder erlebe ich, wie Leute in die Klemme geraten, weil sie diesen Schritt überspringen. Catherine zum Beispiel spürte schon wochenlang eine Verspannung in den Schultern und wollte in unserem Workshop darauf fokussieren. Ungeduldig bewegte sie den Kopf hin und her. «Ich möchte die Verspannung so gern fragen, worum es ihr geht, aber sie spricht nicht mit mir. Ich stecke fest», sagte sie. Dann warf sie einen Blick auf die Karte, die sie zu Beginn des Workshops erhalten hatte, und sah den Satz «Ich begrüße, was da ist». «Ach so», sagte sie. «Ich habe sie noch gar nicht begrüßt.»

Dann konnten die anderen Workshop-Teilnehmer eine bemerkenswerte Verwandlung beobachten. Catherine wurde rot, der Kopf blieb still, und die Tränen schossen ihr in die Augen. «Ich habe sie überhaupt noch nie begrüßt!» rief sie. «Ich habe sie beschimpft, wollte sie mit allen Mitteln loswerden, ich habe sie verwünscht und daran herumgedoktert – aber richtig begrüßt habe ich sie noch nie.» Von dem Moment an löste sich die Verspannung in ihren Schultern allmählich. Und am Ende der Sitzung, nachdem das verspannte Gefühl hatte sagen dürfen, worum es ihm ging, erlebte Catherine ihren Körper ganz anders als zuvor.

Beim Focusing geht es darum, eine positive und stützende *Beziehung zu sich* aufzubauen. Jede Beziehung beginnt mit einer Begrüßung. Es ist respektlos, ein Gespräch anzufangen, ohne sein Gegenüber zu begrüßen. Also begrüßen Sie Ihre Felt Senses zunächst einmal, dann kommt der Rest der Freundschaft schon von selbst.

Wenn Sie keine Freundlichkeit aufbringen können

Manchmal schafft man es einfach nicht, zu seinem Felt Sense freundlich zu sein. Das ist völlig in Ordnung – Sie können trotzdem fokussieren. Sie brauchen nur Ihre Aufmerksamkeit auf den Teil von Ihnen zu lenken, der keine Freundlichkeit aufbringen kann. Begrüßen Sie den. Das «nicht freundliche» Gefühl, worin es auch besteht, wird dann der neue Felt Sense.

Tom spürte eine Angst im Bauch. Sie war ihm vertraut, er hatte sie schon oft gehabt. Als er zu ihr «wie ein Freund» sein wollte, merkte er, wie ein ärgerliches, ungeduldiges Gefühl in seinem Körper aufstieg. «Immer kriege ich Angst, gerade wenn es mal gut wird. Ich hab die Nase voll!»

Also begrüßte Tom das ärgerliche, ungeduldige Gefühl. Das ist etwas anderes, als *in* dem Ärger und der Ungeduld steckenzubleiben, weiterhin ärgerlich und ungeduldig zu *sein*. Es ist mehr wie ein Zur-Seite-Treten, ein Wahrnehmen oder «Aufpassen», was gefühlt wird. Statt sich zu zwingen, zu dem ersten Gefühl, der Angst, freundlich zu sein, richtete Tom seine wohlwollende Aufmerksamkeit einfach auf die Ungeduld und den Ärger über die Angst.

Wenn einer freundlichen, annehmenden Haltung etwas im Weg steht, nennen wir das ein *Gefühl zum Gefühl*. Das kann so etwas sein wie: «Ich ärgere mich über diese Angst», «Ich fürchte mich vor dieser Traurigkeit» oder «Ich habe keine Geduld mehr mit dieser festgefahrenen Stelle».

Sich an diesem Gefühl vorbeidrängeln zu wollen, hat keinen Sinn. Wenn Sie es ignorieren, wird Ihr Focusing-Prozeß genau an dieser Stelle steckenbleiben. Das Gefühl zum Gefühl ist nämlich ein Signal, daß etwas anderes hochkommt, das Ihre Aufmerksamkeit braucht.

Zwei Dinge können nun passieren, und beide sind in Ordnung. Wenn Sie eine Zeitlang bei dem Gefühl zum Gefühl verweilt haben, entspannt es sich oft und läßt Sie zu Ihrer ursprünglichen Empfindung zurückkehren. Manchmal dreht sich aber auch der ganze Rest der Sitzung um das Gefühl zum Gefühl. Und das lohnt sich immer, denn oft bezieht es sich auf einen zentralen Aspekt Ihres Da-Seins in der Welt. Wenn das Gefühl zum Gefühl sich verändert, spüren Sie diese Veränderung an allen Ecken und Enden in Ihrem Leben.

Sämtliche Stimmen zu Wort kommen lassen

Wir glauben oft, wir dürften zu einem Thema nur *ein* Gefühl haben; Ambivalenz sei falsch, denken wir. Dabei sind gemischte Gefühle das Natürlichste der Welt. Ein Teil von uns möchte einen anderen Menschen näher kennenlernen, ein anderer Teil von uns hat Angst, ihm zu nahe zu kommen. Ein Teil von uns ärgert sich, weil wir bei einer bestimmten Entscheidung nicht um Rat gefragt wurden, aber ein anderer Teil hat Angst vor den Konsequenzen, diesen Ärger zu zeigen.

Focusing erlaubt allen Teilen unseres Ichs, zu Wort zu kommen. Und sobald sie sich verständlich machen dürfen, verändern sie sich. Als Focuser müssen Sie sich nicht zwischen verschiedenen Teilen entscheiden; die Teile können alle zugleich dasein, alle ihren eigenen Raum haben. Und wenn wir es schaffen, bei den verschiedenen Teilen zugleich innerlich zu verweilen, kann wie durch Magie etwas Neues entstehen, das anders und besser ist als jeder dieser Teile, wobei alle etwas Entscheidendes zu der neuen Synthese beigetragen haben.

Wir sind komplexe Wesen in einer vielschichtigen Welt, wir stecken voller oft widersprüchlicher Gefühle und Gedanken. Es kann befreiend sein zu merken, daß wir nicht aus einem Stück sein müssen. Beim Focusing lernen wir, unsere Reaktionen auf das Leben – wie immer sie auch lauten – zur Kenntnis zu nehmen, willkommen zu heißen und zu akzeptieren. Wir dürfen unsere ganze Komplexität, unseren gesamten inneren Reichtum spüren.

Die Weisheit im Nichtwissen

Seien Sie bereit, unvoreingenommen an Ihr inneres Erleben heranzugehen, beziehungsweise mit der Haltung, nicht schon alles zu wissen. Warum sollten Sie jemandem zuhören, wenn Sie vermeintlich schon vorher wissen, was er oder sie zu sagen hat? Wenn Sie Ihren Felt Sense so behandeln – nach dem Motto: «Ich weiß schon, warum ich Angst habe» –, dann verbauen Sie sich die Gelegenheit dahinterzukommen, worum es wirklich geht.

«Aber was ist, wenn ich es wirklich schon weiß?» fragen Sie sich jetzt vielleicht. Lassen Sie mich nur soviel sagen: Solange ein Körpergefühl noch Ihre Aufmerksamkeit will, gibt es etwas daran, was Sie noch nicht wissen. Wenn Sie nach wie vor einen Druck, eine Angst, eine Verkrampfung oder ein dumpfes Gefühl spüren, gibt es etwas, was Ihr Körper weiß und Ihnen mitzuteilen versucht.

Seien Sie also neugierig, offen und mehr an dem interessiert, was Sie noch nicht wissen, als an dem, was Ihnen bereits klar ist. Versuchen Sie, aktiv zur Kenntnis zu nehmen, was Sie über Ihr Focusing-Thema bereits wissen, und es dann beiseite zu stellen. Nicht, weil es falsch ist – das muß es überhaupt nicht sein –, sondern weil es dem Erspüren dessen, was neu und über Sie und Ihr Leben noch nicht bekannt ist, im Weg stehen kann.

Unsere moderne Kultur bewertet Klarheit sehr hoch. Wir bekommen beigebracht, alles, was wir nicht klar denken oder ausdrücken können, sei nicht wichtig. In der Schule gewinnt derjenige, der am schnellsten «die Antwort» hat – schon schießen die Hände in die Höhe. Nur selten wird anerkannt, daß es ein wertvolles Wissen gibt, das zunächst vage ist und an das man nur herankommt, wenn man sich Zeit läßt.

Die allgemeine Vorliebe für Klarheit führt leicht dazu, daß uns unklare und unbekannte Gefühle nicht geheuer sind. «Wie soll ich das denn einem Menschen erklären? Wie könnte ich das verteidigen? Wozu taugt es überhaupt?» Bevor Sie erfahren haben, wie man auf seine Felt Senses hört und sie achtet, haben Sie sie womöglich genauso abgetan.

Genießen Sie die unklaren Gefühle lieber! Wenn ein Felt Sense auftaucht, wissen Sie unter Umständen zunächst nicht, wie Sie ihn nennen sollen und was er ist. Lassen Sie das zu. Sie werden noch lernen, sich über dieses Nichtwissen ausgesprochen zu freuen und auf die Teile Ihres Erlebens gespannt zu sein, die Sie noch nicht kennen – den Schatzsucher reizen ja auch am meisten die Schatztruhen, die noch kein Mensch geöffnet hat.

Es klingt vielleicht unwahrscheinlich, daß in diesem vagen, verschwommenen, schwer zu beschreibenden Etwas in Ihnen eine Weisheit verborgen sein soll, aber es stimmt. Genau darin liegt eben die Weisheit: nicht in dem, was bereits klar und bekannt ist – das sind alte Informationen –, sondern in dem, was in Ihnen gerade auftaucht, das Wissen, das Ihnen jetzt im Augenblick zu Bewußtsein kommt. Focusing zu lernen heißt, das Langsame, Unterschwellige und Vage schätzen zu lernen und sogar richtig liebzugewinnen.

Dem Felt Sense folgen

Sie können darauf vertrauen, daß Sie der Felt Sense in die Mitte des Labyrinths führt. Er weiß den Weg. Sie müssen ihm nur folgen, dann bringt er Sie durch alles Gewirr direkt ins Zentrum. Er möchte dorthin, und er möchte Sie mitnehmen. Aber nur er kennt den Weg, nur er kann Sie hinbringen. Um den richtigen Weg zu finden, müssen Sie ihm vertrauen. Sie müssen die Kontrolle über die Richtung aufgeben. Und Sie müssen das Analysieren, Grübeln und Werten aufgeben.

Sie können im Verlauf des Prozesses alles mögliche ausprobieren, was unter Umständen sehr hilfreich sein kann, aber das Ergebnis haben Sie nicht unter Kontrolle. Sie können den Felt Sense nicht zwingen, etwas zu tun, wozu er nicht freiwillig bereit ist. Sie können ihn weder zwingen, Ihnen irgend etwas zu verraten noch, sich zu verändern – genausowenig, wie Sie sich das scheue Tier gegen dessen Willen zum Freund machen können. Sie können nur respektvoll und absichtslos Verschiedenes ausprobieren, Möglichkeiten anbieten, und dann abwarten, was passiert. Dem Felt Sense den eigenen Willen aufzwingen zu wollen, ist verlorene Liebesmüh.

Wenn Sie ihm dagegen vertrauensvoll folgen, werden Sie entdecken, daß in der Mitte des Labyrinths der Schatz liegt, dem Sie auf der Spur waren.

Jede Focusing-Sitzung ist einmalig

Denken Sie daran, daß Focusing ein ganz natürlicher menschlicher Prozeß ist und immer über das hinausgeht, was wir in Worte fassen können. Auf eines dürfen Sie sich beim Focusing verlassen: Sie können nie vorhersagen, was passieren wird. Besonders am Anfang rufen Sie sich am besten jedesmal zu Beginn einer Sitzung ins Gedächtnis, daß das, was beim letzten Mal geschah, diesmal vermutlich nicht wieder passiert. Vielleicht geschieht etwas Ähnliches, vielleicht auch etwas ganz anderes. Es kann sich anfühlen wie ein Entlangschlittern an der Oberfläche – oder wie Tiefseetauchen. Womöglich bekommen Sie diesmal viele Bilder, womöglich lauter Einzelheiten aus Ihrem Leben. Vielleicht ist es friedlich und still, vielleicht mit vielen Tränen verbunden. Auf alle Fälle bringt der Felt Sense immer nur das, was Sie auch verkraften können, und wenn Sie sich seiner Führung anvertrauen, finden Sie Halt und Geborgenheit, bekommen ein Stück Boden unter die Füße.

4 So fangen Sie an

Jetzt sind Sie für Ihre ersten eigenen Erfahrungen mit dem Focusing gerüstet. In den nächsten beiden Kapiteln zeige ich Ihnen, wie Sie die verschiedenen Focusing-Phasen einleiten. Bei jeder Phase stehen Tips, die bei den häufigsten Fragen und Schwierigkeiten weiterhelfen. Die meisten Phasen sind durch Sätze markiert, die Sie zu sich selber sagen können, zum Beispiel: «Ich spüre in meinen Körper hinein.» Diese Sätze stehen am Schluß noch einmal zusammengefaßt auf einer Seite, damit Sie während Ihrer Focusing-Sitzung immer wieder einen Blick darauf werfen und sich selber durch den Prozeß begleiten können. Da andererseits jede Focusing-Sitzung einmalig ist, werden Sie manchmal Phasen auslassen oder neue hinzufügen, weil sich das für Ihren Felt Sense richtig anfühlt. Bringen Sie das vertrauensvolle, verläßliche innere Klima mit, das Sie aus dem letzten Kapitel kennen, dann stimmt schon mal die Richtung.

Wenn Sie erst einmal geübt sind, können Sie auch mit offenen Augen mitten im Alltag fokussieren: während Sie spazierengehen, beim Abwaschen oder sogar beim Autofahren. Zunächst beginnen wir mit dem Focusing aber lieber an einem ruhigen Plätzchen, im Sitzen und ganz bequem.

Zur Vorbereitung

Die ersten Male suchen Sie sich fürs Focusing am besten eine Zeit und einen Ort aus, wo Sie nichts ablenkt. Machen Sie die Tür zu, schalten Sie das Telefon ab, bitten Sie jemand, die Kinder zu beaufsichtigen – unternehmen Sie einfach alles Nötige, damit Sie ein bißchen Zeit für sich haben. Eine halbe Stunde wäre ideal, aber wenn Sie aus Ihrem Tag nur zehn Minuten herausholen können, ist das auch schon wertvoll.

Sitzen ist günstiger als liegen, Sie wollen ja nicht aus Versehen einschlafen. Aber falls Sie es sich aus irgendwelchen Gründen nur im Liegen bequem machen können, dann tun Sie das bitte unbedingt.

TIPS

- Sorgen Sie dafür, daß Sie es warm genug haben. Wenn Sie eine Weile sitzen, wird Ihnen womöglich kühl, vielleicht legen Sie sich also schon mal einen Pulli oder eine Decke bereit.
- Sie müssen weder stillsitzen noch in einer bestimmten Stellung verharren. Focusing ist nicht dasselbe wie Meditation.
- Es empfiehlt sich, ein «Focusing-Tagebuch» griffbereit zu haben. In diesem kleinen Buch können Sie bei Bedarf notieren, was in Ihrer Focusing-Sitzung passiert.

«Wie steige ich heute ein?»

Zu Beginn einer Focusing-Sitzung können Sie wählen, ob Sie an etwas Bestimmtem arbeiten möchten oder ob Sie lieber abwarten, was gerade nach Ihrer Aufmerksamkeit verlangt. Kommen Sie zur Ruhe, machen Sie ein paar tiefe Atemzüge, und fragen Sie sich einfach, ob es ein bestimmtes Thema gibt, auf das Sie in der heutigen Focusing-Sitzung Zeit verwenden möchten. Die Alternative dazu ist, einfach abzuwarten, was kommt.

TIPS

- Themen, an denen Sie arbeiten möchten, können zum Beispiel sein: eine anstehende Entscheidung, eine unliebsame Gewohnheit, eine Reaktion auf irgend jemand oder irgend etwas, ein körperliches Symptom oder irgend etwas, von dem Sie in Ihrem Leben gern mehr hätten. Im siebten Kapitel finden Sie Beispiele für eine ganze Reihe solcher Möglichkeiten.
- Sie können natürlich auch an etwas weiterarbeiten, das in einer früheren Focusing-Sitzung hochgekommen ist.
- Manchmal, wenn man vor dem Focusing zur Ruhe kommt, merkt man, daß einen noch irgend etwas verfolgt. Oder es fällt einem etwas Wichtiges ein, das erledigt werden muß. Deshalb ist es sinnvoll, Papier und Stift griffbereit zu haben. Damit können Sie notieren, was Sie beschäftigt oder Ihnen dazwischenfunkt, um es dann loszulassen.

«Ich spüre in meinen Körper hinein»

Achten Sie darauf, was Sie noch tun müssen, um richtig bequem zu sitzen. Vielleicht möchten Sie ein Kleidungsstück lockern – besonders, wenn es um die Taille herum drückt –, vielleicht auch die Schuhe ausziehen. Machen Sie ein paar tiefe Atemzüge zur Entspannung. Schließen Sie die Augen oder lassen Sie den Blick nach unten abgleiten. Nehmen Sie wahr, mit welchen Körperteilen Sie den Stuhl oder den Boden berühren und wie Ihnen Ihre Sitzgelegenheit Halt gibt. Achten Sie darauf, wie sich Ihre Füße anfühlen, Ihre Hände und Ihre Schultern. Nehmen Sie sich Zeit, sich Ihrer selbst als physisches Wesen bewußt zu werden, wie Sie mit Ihrem Gewicht, Ihrem Umfang und Ihrer Substanz in der Welt Raum einnehmen.

Wenn Sie dann mit Ihrer Aufmerksamkeit im Körper sind, lenken Sie sie in Ihre Körpermitte, in den Hals, Brust- und Bauchraum. Lassen Sie sich Zeit. Spüren Sie in Ihren Hals hinein, wie um zu prüfen, ob Sie Halsweh haben. Vielleicht fühlt es sich dort ganz frei an oder eher eingeengt, vielleicht spüren Sie auch anstehende Tränen oder irgend etwas ganz anderes.

Dann gehen Sie mit Ihrer Aufmerksamkeit weiter nach unten, in den Brustraum. Nehmen Sie alles wahr, zum Beispiel einen Druck, etwas Schweres, Verkrampftes, Weites, Leeres oder Friedliches. Dann gehen Sie mit Ihrer Aufmerksamkeit hinunter in Ihren Bauchraum. Achten Sie auf drückende, nervöse, mulmige, leere, friedliche oder sonstige Empfindung. Wenn Sie im Augenblick nichts spüren, macht das auch nichts. An diesem Punkt ist Ihr Körper noch wie eine leere Bühne, bevor der Vorhang aufgeht. Als nächstes lassen wir das Theaterstück beginnen.

Tips

- Wenn es Ihnen schwerfällt, mit der Aufmerksamkeit in den Körper zu gehen, lassen Sie sich mit diesem Schritt Zeit. Vielleicht hilft es, wenn Sie darauf achten, daß Sie spüren können, wo Ihre Arme und Beine sich befinden, ohne hinzusehen. Sie benützen dann Ihren «körpereigene Reize wahrnehmenden Sinn», einen sehr cleveren Sinn, den wir oft als selbstverständlich hinnehmen. Versuchen Sie einmal, mit geschlossenen Augen den Arm zu heben. Achten Sie darauf, daß Sie immer sagen können, wo sich Ihr Arm, Ihre Finger, Ihre Hand und Ihr Handgelenk befinden. Experimentieren Sie ruhig damit herum, alle möglichen Körperteile so zu spüren.
- Sie können die Aufmerksamkeit auch in Ihre Körpermitte lenken, indem Sie an den Füßen beginnen und langsam nach oben wandern, etwa so: Wackeln Sie mit einer Zehe und spüren Sie, wie die Zehe sich anfühlt. Dann gehen Sie mit Ihrer Aufmerksamkeit nach oben in Ihr Knie – wie fühlt sich das an?... Und weiter hinauf in Ihre Hüfte, wie ist das?... Und jetzt hinauf in Ihren Bauchraum. Bleiben Sie einfach mit Ihrer Aufmerksam-

keit dort. Machen Sie sich keine Gedanken, wenn scheinbar nichts passiert. Gerade wenn Ihnen das Ganze ungewohnt und komisch vorkommt, ist die Übung sinnvoll.

- Wenn Sie gewohnt sind, zu meditieren oder Entspannungsübungen zu machen, müssen Sie womöglich aufpassen, daß Sie sich nicht zu sehr entspannen. Sie sollen Ihre Körpergefühle ja noch bewußt wahrnehmen. Wenn Sie merken, daß Sie wegdriften oder vor lauter Entspannung Ihre Körperwahrnehmung verlieren, werden Sie aktiv. Machen Sie kurz die Augen auf, reiben Sie sich die Hände, strecken Sie sich, bewegen Sie sich ein bißchen. Und dann gehen Sie mit Ihrer Aufmerksamkeit wieder in Ihren Körper.

«Was verlangt gerade nach meiner Aufmerksamkeit?» oder «Wie steht es mit diesem Thema in mir?»

Verweilen Sie mit Ihrer Aufmerksamkeit behutsam im mittleren Bereich Ihres Körpers: im Hals-, Brust- und Bauchraum. Schikken Sie eine freundliche Einladung an Ihr Inneres. Sagen Sie in Ihrer Körpermitte zu sich: «Was verlangt denn gerade nach meiner Aufmerksamkeit?» oder «Wie steht es mit diesem Thema in mir?»

Die erste Frage ist eine allgemeine Einladung, wenn Sie kein bestimmtes Thema haben, an dem Sie arbeiten möchten – so ungefähr, als würden Sie zu einem Freund sagen: «Ich bin da. Worüber möchtest du denn heute gern reden?» Die zweite Frage lädt Ihren Körper ein, Ihnen seinen Felt Sense zu dem bestimmten Thema zu vermitteln, das Sie sich ausgesucht haben.

Und jetzt nehmen Sie wahr, was Sie in Ihrem Körper spüren. Lassen Sie sich Zeit dabei. Vielleicht bemerken Sie Empfindungen, Emotionen oder eine generelle Grundstimmung. Das fühlt sich an verschiedenen Tagen vermutlich unterschiedlich an, aber Sie nehmen einfach wahr, wie es sich heute in Ihrem Körper anfühlt. Sie müssen nicht krampfhaft nach etwas suchen, Sie interessieren sich einfach für alles, das sich nach *irgendwas* anfühlt.

Vielleicht ist schon etwas da, wenn Sie mit der Aufmerksamkeit in Ihren Körper gehen, oder es entsteht irgend etwas als Reaktion auf Ihre Einladung. Geben Sie ihm Zeit.

Wenn Sie allmählich etwas wahrnehmen und spüren, wo sich das in Ihrem Körper befindet, lassen Sie sich Zeit zu empfinden, wie dieses Etwas ist. Was Sie da bemerken, kann unklar, zart, unterschwellig oder verschwommen sein oder auch ganz kräftig und deutlich. Spüren Sie alles: Emotionen wie «traurig» oder «ängstlich», Empfindungen wie «eng» oder «flau», Bilder wie «ein Knoten» oder «ein Stein» – einfach alles.

Machen Sie sich keine Gedanken darüber, ob das, was Sie wahrnehmen, ein Felt Sense ist oder nicht. Spüren Sie einfach in sich hinein. Wie fühlt sich das in Ihrem Körper an? Vielleicht finden Sie schon ein paar Worte dafür: «irgendwie flau hier», «ein leeres Nichts», «ein komisches Gefühl wegen dieser Entscheidung, die ich treffen muß». Die Liste ist endlos. Jeder Felt Sense ist einmalig.

TIPS

- Das größte Hindernis bei der Suche nach einem Felt Sense ist die bange Frage, ob man es richtig macht – ob man «wirklich» einen Felt Sense hat. Sie können hier ruhig vergessen, daß Sie das Wort «Felt Sense» je gehört haben. Der Begriff soll Ihrem Erleben nicht in die Quere kommen. Stellen Sie sich einfach vor, daß Sie nach «irgend etwas» suchen. Alles kann irgend etwas sein.
- Selbst nichts ist etwas und kann seine eigene Qualität haben: «ein graues Nichts», «ein geräumiges Nichts», «ein müdes Nichts».
- Es kann vorkommen, daß Sie beschlossen haben, an einem bestimmten Thema zu arbeiten, Ihr Körper aber andere Pläne

hat. Dann haben Sie zwei Möglichkeiten: Entweder Sie prüfen, ob Ihr Körper bereit ist, Sie bei Ihrem Thema verweilen zu lassen, oder Sie stellen das Thema erst einmal zurück und kümmern sich um das, was nach Ihrer Aufmerksamkeit verlangt. Beides ist in Ordnung.

- Felt Senses können zwar in jedem Körperteil entstehen, sind aber im allgemeinen in der Körpermitte am klarsten, und man kann dort am einfachsten mit ihnen arbeiten: im gesamten Hals-, Brust- und Bauchraum. Spüren Sie zunächst in diesen Bereich hinein. Wenn Ihre Aufmerksamkeit jedoch auf etwas in einem anderen Körperbereich gelenkt wird, ist das auch in Ordnung. Sogar körperliche Symptome können Felt Senses sein, wie wir im siebten Kapitel noch sehen werden.
- Wenn Sie gewohnt sind, Ihre Emotionen zu fühlen und auszudrücken, lassen Sie sich an dieser Stelle ein bißchen Zeit. Focusing ist nicht dasselbe wie in seine Gefühle hineinzuschlüpfen, obwohl es natürlich Gefühle mit einschließt. Wenn Sie traurig sind, erspüren Sie, wo in Ihrem Körper dieses «traurig» sitzt. Das dauert ein Weilchen.

«Ich begrüße, was da ist»

Sobald Sie irgend etwas spüren, begrüßen Sie es mit einem: «Hallo, ich weiß, daß du da bist.» Und dann achten Sie darauf, wie es auf Ihren Gruß reagiert. Vielleicht entspannt es sich etwas, läßt sich nieder wie ein Vogel auf einem Ast, oder es fühlt sich an wie jemand, der locker genug wird, um ein Gespräch anzuknüpfen. Vielleicht wird es auch klarer und stärker, als würde es allmählich in den Brennpunkt, in den «Fokus», rükken.

Wenn Sie dieses Etwas begrüßen, nehmen Sie zur Kenntnis, daß es einfach ist, wie es ist. Das kann ein kostbarer Moment sein, denn Sie erleben, wie Sie selbst diesen inneren Teil von sich kennenlernen. Sie kommen in Kontakt mit dem, was für Sie in diesem Moment in Ihrem Leben wirklich und wahr ist. Und das fühlt sich immer gut an, selbst wenn Ihnen das, was Sie finden, nicht gefällt.

TIPS

- Das wichtigste ist, nichts zu überstürzen. Lassen Sie sich Zeit damit, Ihren Felt Sense zu begrüßen. Und spüren Sie in Ruhe, wie sich das in Ihrem Körper anfühlt.
- Das Begrüßen ist nicht nur für das erste Etwas gedacht, mit dem Sie in Kontakt kommen. Jedesmal, wenn Sie ein neues Gefühl oder einen neuen Teil von sich wahrnehmen, begrüßen Sie diese ebenfalls.
- Begrüßen Sie dieses Etwas im wörtlichen Sinn, ganz direkt. Und schreien Sie es nicht aus der Ferne an, sondern gehen Sie so nah ran, wie es sich für eine gute Begrüßung richtig anfühlt.

«Ich finde die beste Beschreibung dafür»

Wenn Sie Ihren Felt Sense begrüßt haben, ist der nächste Schritt, ihn zu beschreiben. Erzählen Sie sich einfach selbst, wie sich der Felt Sense jetzt im Augenblick in Ihrem Körper anfühlt – genauso, als würden Sie einem Freund schildern, wie sich das in Ihrem Inneren gerade anfühlt. Dazu können Sie ein Wort, einen Satz oder ein Bild nehmen, vielleicht sogar ein Geräusch oder eine Geste – alles, was möglichst nahe an eine Beschreibung dessen herankommt, wie sich der Felt Sense jetzt gerade anfühlt.

Vielleicht ist ja zuvor schon ein Wort, Satz oder Bild gekommen, das annähernd beschreibt, was Sie wahrnehmen. (Wir hatten bereits die Beispiele «traurig in der Brust», «irgendwas Schweres im Bauch», «irgendwie flau hier», «ein leeres Nichts», «ein komisches Gefühl wegen dieser Entscheidung, die ich treffen muß».) Jetzt geht es darum, die Beschreibung klarer werden zu lassen, bis Sie spüren, daß Sie diesen Teil von sich genauer kennenlernen. Sie erfahren nun sozusagen seinen Namen.

Der Prozeß des Beschreibens ist keine Hexerei, sondern uns allen eigentlich vertraut. Wenn ich einen neuen Kaugummigeschmack erfunden hätte und Ihnen ein Stück zum Probieren gäbe, würden Sie es in den Mund stecken und eine Weile darauf herumkauen. Wenn Sie mir den Geschmack dann beschreiben sollten, würden Sie wahrscheinlich den Kaugummi im Mund hin- und herschieben und sagen: «Hm ... also nicht richtig Zimt ... und eigentlich auch nicht Pfefferminz ... jetzt weiß ich! Es ist ...»

Beschreibungen helfen, ins Zentrum des Labyrinths vorzudringen. Womöglich merken Sie genau, daß die Beschreibungen, die Sie finden, nicht ganz stimmen. Doch wenn Sie immer weiter passende Beschreibungen erspüren, bleiben Sie auf dem richtigen Weg. Wenn sich irgend etwas regt, verstärkt oder sich ein bißchen erleichtert anfühlt, während Ihnen dieses Wort, dieser Satz oder dieses Bild einfallen, sind Sie schon auf der richtigen Fährte.

Erspüren Sie weiter, welche Beschreibung ganz genau zu dem Felt Sense passen würde. «Nein, das ist nah dran, aber es stimmt nicht genau. Da spür ich mal weiter ... Ah ja, es ist mehr so ...» Wenn Sie die Beschreibung finden, die zu Ihrem Erleben paßt, dann bekommen Sie ein befriedigendes Gefühl, ein «Ja, so stimmt's». Jetzt kann Verschiedenes passieren:

Sie spüren den Felt Sense stärker. Das ist ein Zeichen, das Sie dem Zentrum des Labyrinths näher kommen. Folgen Sie diesem Zeichen; es wird schon «wärmer».

Sie spüren eine ansatzweise Erleichterung. Das bedeutet gewöhnlich, daß sich etwas geöffnet hat, das Sie zuvor nicht wahrgenommen haben. Empfangen Sie das in aller Ruhe. Eine solche Erleichterung kommt oft mit einer kleinen Erkenntnis zum ganzen Thema. Auch hier wird es «wärmer».

Und vielleicht bringt Sie das Finden der richtigen Beschreibung sogar schon in die Mitte des Labyrinths. Dann spüren Sie eine deutliche Erleichterung oder Entspannung. Die Körperempfindungen beruhigen sich, und Sie merken vielleicht, wie sich ein warmes, friedliches Gefühl breitmacht. Unter Umständen bekommen Sie eine neue Erkenntnis zu der ganzen Sache: «Ach so! Daran liegt es! Jetzt weiß ich, warum.» Neue Schritte können sich ergeben. Vielleicht fühlt sich diese Sache bereits gelöst und rund an, und Sie möchten an dieser Stelle aufhören. Dann springen Sie einfach ins nächste Kapitel zum Abschnitt «Ich prüfe, ob es gut ist, bald aufzuhören». Und genießen Sie's.

TIPS

- Sie können dem Felt Sense keine Beschreibung aufzwingen oder ihn zwingen, sich zu öffnen. Selbst wenn Sie kein befriedigendes Wort, keinen Satz, kein Bild oder keine Geste finden, ist allein der Akt, daß Sie ihnen nachspüren, während Sie dieses Etwas im Körper dasein lassen, schon viel wert. Suchen Sie also bitte nicht krampfhaft nach einer Beschreibung. Es ist viel ergiebiger, sich behutsam die Frage nach einer passenden Beschreibung zu stellen, als zu sehr zu bohren. Den Felt Sense zu mögen ist viel wichtiger, als ihn zu verstehen. Das Verständnis kommt dann schon.
- Das wichtigste ist, in Verbindung mit dem Etwas zu bleiben, das Sie in Ihrem Körper spüren. Vor lauter Suchen nach dem richtigen Wort verliert man leicht den Kontakt damit, wie es sich im Körper anfühlt. Jedesmal, wenn Sie merken, Sie schweifen mit Ihrer Aufmerksamkeit von diesem inneren Erleben ab, lenken Sie Ihr Bewußtsein wieder auf Ihr Körperinneres. Dazu können Sie zum Beispiel die letzte Beschreibung wiederholen, die sich einigermaßen richtig anfühlte oder die irgendeine Reaktion ausgelöst hat.
- Oft hilft es, die Beschreibungen, die Ihnen in dieser Phase

kommen, in Ihr Focusing-Tagebuch einzutragen. Wenn Sie dann nicht mehr wissen, wo Sie sind, können Sie einen Blick ins Tagebuch werfen und sich die Beschreibungen noch einmal vorsagen, um wieder mit der Stelle in Kontakt zu kommen, an der Sie stehengeblieben waren.

«Ich prüfe in meinem Körper nach, ob das paßt»

Im Körper nachprüfen, ob etwas paßt, ist mehr als eine Phase im Focusing-Prozeß. Man macht das immer wieder, die ganze Sitzung hindurch.

Alle Wörter, Sätze, Bilder oder Ideen, die vom Felt Sense kommen, müssen zur Bestätigung auch wieder an den Felt Sense zurückgeschickt, ihm wieder vorgesetzt werden. Das ist ein ausgesprochen wirkungsvoller und wichtiger Teil des Focusing-Prozesses. Im Körper nachprüfen, ob etwas paßt, bringt die Sitzung entscheidend voran. Sie gehen dabei folgendermaßen vor: Sie spüren irgendwas in Ihrem Körper, sagen wir, im Hals. Zunächst finden Sie keinen Namen dafür; «irgendwas» kommt so nahe wie möglich heran. Sie bleiben dabei, und nach einer Weile spüren Sie allmählich, daß Sie es «verkrampft» nennen könnten.

Jetzt nehmen Sie am besten das Wort «verkrampft» und setzen es dem Gefühl in Ihrem Hals wieder vor, als würden Sie sagen: «Verkrampft? Stimmt verkrampft?»

Drei Dinge können nun passieren, und jedes davon bringt die Sitzung vorwärts. Erstens spüren Sie möglicherweise innerlich, daß das richtig ist. Jawohl, «verkrampft» stimmt genau, und Sie haben das befriedigende Gefühl, daß Sie den Kern dessen erfaßt haben, was da ist. Sie können nun leichter bei der Empfindung bleiben und zu den nächsten Phasen übergehen (von denen wir im nächsten Kapitel mehr erfahren).

Zweitens können Sie spüren, daß Ihre Beschreibung teilweise paßt, daß da aber noch mehr ist. Jawohl, «verkrampft» stimmt schon, aber es ist auch noch irgendwie... ja, was?... hm, «ängstlich»? Dann legen Sie das Wort «ängstlich» dem Felt Sense ebenfalls vor und sehen nach, ob «verkrampft und ängstlich» stimmt.

Drittens spüren Sie vielleicht, daß «verkrampft» nicht stimmt. Aber das ist auch gut, weil Ihr «Stimmt-nicht»-Gefühl Sie näher an das heranführen kann, was statt dessen passen würde. «Nicht ‹verkrampft›... es ist eher... hm... Genau! Eng!» und nun setzen Sie dem Felt Sense «eng» vor und spüren, ob sich dazu innerlich ein Gefühl der Richtigkeit einstellt.

Wenn später in der Sitzung ganze Sätze kommen, setzen Sie sie immer wieder Ihrem Körper vor, um zu überprüfen, ob sie passen, und spüren Sie (1) ja, das stimmt, (2) stimmt teilweise, aber da ist noch mehr oder (3) stimmt nicht – und was würde dann stimmen? Das wird Ihren Focusing-Prozeß wirkungsvoll unterstützen.

Machen Sie jetzt einmal eine kurze Lesepause und starten Sie einen kleinen Focusing-Versuch, bevor Sie weiterlesen. Wenn Sie so sind wie viele Leser von Selbsthilfebüchern, dann überfliegen Sie mit Vorliebe die Übungen und überlegen sich, was wohl passieren würde, wenn Sie sie machen würden, statt sie tatsächlich auszuprobieren. Das ist schon in Ordnung, aber ich würde Ihnen Focusing gerne beibringen. Und dazu müssen Sie es einfach machen. Also gönnen Sie sich ein bißchen Übung und gehen Sie durch die Phasen, wie ich sie bisher beschrieben habe. Hier sind sie noch einmal zusammengefaßt:

- «Wie steige ich heute ein?»
- «Ich spüre in meinen Körper hinein.»
- «Was verlangt gerade nach meiner Aufmerksamkeit?» oder «Wie steht es mit diesem Thema in mir?»
- «Ich finde die beste Beschreibung dafür.»
- «Ich prüfe in meinem Körper nach, ob das paßt.»

5 Den Prozeß vertiefen

Nachdem Sie nun gelernt haben, mit Ihrer Aufmerksamkeit in den Körper zu gehen und *irgendwas* zu finden, das mit Ihnen kommunizieren will, wird es Zeit für den Rest des Gesprächs. Bis hierher ist Focusing, wie wenn man jemanden kennenlernt und dessen Namen erfährt. «Tag, du heißt also Verkrampfung? Schön, dich kennenzulernen.» Jetzt setzen Sie sich mit diesem inneren Teil von sich zusammen und hören sich an, was er Ihnen erzählen möchte.

«Fühlt es sich richtig an, einfach dabeizubleiben?»

Um eine gute, produktive Gesprächsatmosphäre zu schaffen, müssen Sie sich zunächst auf Ihren Gesprächspartner einstellen. Sie müssen ihm in die Augen sehen, ihn begrüßen, sich vergewissern, daß Sie seinen Namen richtig verstanden haben – und dann müssen Sie dasein.

Sie haben es nicht eilig, Sie drängeln nicht, Sie versuchen nicht, diesem inneren Teil von Ihnen, der Ihre Aufmerksamkeit möchte, Ihre Absichten aufzuzwingen. Sie sind einfach da und bleiben dabei.

Atmen Sie schön tief durch, gehen Sie mit der Aufmerksamkeit noch tiefer in Ihren Körper und erinnern Sie sich daran, daß es hier darum geht, mit etwas in Ihrem Inneren Zeit zu verbringen, ihm einfach Gesellschaft zu leisten.

«Ich leiste dem Etwas neugierig und interessiert Gesellschaft»

Als nächstes leisten Sie diesem Etwas wirklich Gesellschaft. Vielleicht «setzen» Sie sich innerlich dazu. Ich mag diese Vorstellung, denn sie gibt meinem Körper zu verstehen, daß ich nicht in Eile bin. Wenn Sie im Stehen mit jemandem reden, haben Sie wahrscheinlich keine große Geduld. Stehenzubleiben drückt aus, daß Sie sich für dieses Gespräch nur wenig Zeit nehmen, weil Sie sich bald schon wieder um etwas Wichtigeres kümmern müssen. Wenn Sie sich setzen, signalisieren Sie dagegen, daß das Gespräch ruhig eine Weile dauern darf.

Außerdem steckt in der Vorstellung des Dazusetzens, daß Sie nicht in dem Gefühl versinken, sondern *außerhalb* bleiben. (Siehe auch den Abschnitt «Eine Beziehung zu den eigenen Gefühlen finden» im dritten Kapitel.) Beim Focusing geht es nicht darum, etwas so intensiv wie möglich zu erleben, sondern darum, Ihren Gefühlen Gesellschaft zu leisten, damit diese ihre Botschaften loswerden können. Und das geht von einem Standpunkt außerhalb aus viel besser als von einem innerhalb.

Als nächstes geben Sie einen Schuß respektvolle Neugier und Interesse dazu. Ohne Erwartungen – fragen Sie sich nur, ob noch mehr da ist. Ich sage manchmal an diesem Punkt: «Setzen Sie sich einfach zu dieser Stelle, wie zu einer Freundin. Allmählich spüren Sie dann vielleicht noch etwas, irgendwas, das Sie noch nicht in Worte gefaßt haben.»

Was in dieser Phase kommt, ist oft ganz wenig: nicht die ganze Antwort, bloß ein kleines Stückchen mehr. Wenn es sich zunächst «eingequetscht» angefühlt hat, fühlt es sich nach einer Weile vielleicht «eingequetscht und trotzig» an. Machen Sie sich keine Gedanken, wenn Sie noch nicht wissen, warum es trotzig ist. Was Sie nicht wissen, wird immer ein größerer Brocken sein als das, was Sie wissen! Konzentrieren Sie sich also auf das, was Sie wissen. «Aha, trotzig. Gut, eingequetscht und trotzig. Laß mich mal eine Weile nur soviel spüren… Und ist da noch mehr?»

Das ist die Haltung, die ich als «neugierig und interessiert» bezeichne. Ich mag das Wort «neugierig», weil ich es sehr schwierig finde, mir so etwas wie «wertende Neugier» vorzustellen. Neugier drückt eher die Offenheit und das Staunen aus, mit dem Kinder die Welt erforschen, nach dem Motto: «Ui! Was ist denn das?»

TIPS

- Felt Senses können sehr empfindlich reagieren, wenn man sie unter Druck setzt. Denken Sie an das scheue Tier am Waldrand. Wenn Ihr Felt Sense dazu neigt, zu verschwinden, sobald sie ihm Gesellschaft leisten, kann das ein Zeichen dafür sein, daß ein Teil von Ihnen nicht bereit ist, ihn so sein zu lassen, wie er ist. Dann begrüßen Sie am besten diesen Teil.
- Wir glauben oft, wir wüßten, was etwas ist oder wie es sich anfühlt, weil wir es schon einmal beschrieben haben. Zum Beispiel nennen wir vielleicht eine Empfindung im Bauch weiterhin «Angst», obwohl sie sich schon in Aufregung verwandelt hat. Es ist wichtig, während der ganzen Sitzung zu spüren, ob das, was gerade gekommen ist, zu Ihrem Felt Sense paßt. Das heißt, Sie fragen am besten bei jeder Beschreibung, während sie Ihnen einfällt, ob sie stimmt. Und wenn sie das nicht tut, erspüren Sie weiter, was denn dann richtig wäre.
- Haben Sie Ihren Felt Sense begrüßt? Haben Sie eine passende Beschreibung gefunden? Haben Sie gefragt, ob es sich richtig anfühlt, ein Weilchen dabeizubleiben? Wenn an dieser Stelle Schwierigkeiten auftauchen, liegt es meistens daran, daß man die vorhergehenden Etappen übersprungen hat.
- Immer wenn Sie Zweifel an dem spüren, was kam, nehmen Sie es als Zeichen, daß Sie in Ihrem Körper nachsehen sollen, ob es stimmt. Und auch wenn Sie keine Zweifel spüren, prüfen

Sie immer innerlich nach, wenn etwas Neues aus dem Felt Sense kommt. Das Überprüfen hilft Ihnen, in Ihrem Körper verankert zu bleiben. Es hilft Ihnen auch, feine Unterschiede oder Veränderungen zu bemerken, die unter Umständen sehr wichtig sind. Außerdem schulen Sie dabei Ihren innerlichen Richtigkeitssinn und lernen ihn zu schätzen, wodurch sich eine vertrauensvolle innere Beziehung zu Ihrem Körper und Ihren Felt Senses entwickelt. Wenn Sie Ihrem Körper sorgfältig alles zur Prüfung vorlegen, wird er merken, daß Sie zuhören, und Sie werden spüren, daß Sie mit dem, was kam, richtig liegen.

«Ich erspüre, wie es sich von seinem Standpunkt aus fühlt»

Bisher haben wir uns dem Felt Sense von unserem Standpunkt aus genähert, sozusagen von außen. Jetzt geht es darum zu erspüren, wie sich dieses Etwas selber fühlt, von *seinem* Standpunkt aus. Es kommt Ihnen vielleicht komisch vor, daß Ihr Felt Sense einen anderen Standpunkt haben soll als Sie, aber ich kann Ihnen versichern, daß das durchaus möglich ist und die Beschäftigung damit sehr ergiebig sein kann.

So war es zum Beispiel bei meiner Schülerin Jeanne. Auf meine Nachfrage nach dem Gefühl in ihrem Hals antwortete sie mit einer Grimasse: «Fühlt sich unangenehm an.» Nicht schwer zu erraten, von wessen Standpunkt aus diese Antwort kam: natürlich von Jeannes. Dann habe ich zu ihr gesagt: «Gut, unangenehm. Und könntest du auch erspüren, wie *es* sich fühlt, von seinem Standpunkt aus?» Sie schwieg einen Augenblick und sagte dann: «Na so was! Es fühlt sich allein.»

Der Unterschied zwischen «Es fühlt sich (für mich) unangenehm an» und «*Es* fühlt sich allein» ist ganz zentral. Wenn Sie innerlich so umschalten können – vom Spüren, wie sich der Felt

Sense für Sie anfühlt, zum Erspüren, wie sich der Felt Sense selber fühlt –, dann sind Sie auf dem besten Weg, die Botschaft Ihres Körpers zu hören und von seiner Weisheit zu profitieren.

Einem Freund kann man doch anmerken, wie er sich fühlt, selbst wenn er nichts sagen mag. Genauso können Sie mehr über dieses «Irgendwas» in Ihrem Inneren erspüren, ohne daß es etwas «sagt». Vielleicht spüren Sie seine Laune oder irgendeine Eigenschaft oder Stimmung. Womöglich kommen Ihnen Wörter in den Sinn, Bilder oder eine Erinnerung. Es kann auch sein, daß Sie den Felt Sense in einer bestimmten Haltung vor sich sehen, zum Beispiel wie er sich versteckt oder gerade losschlagen will. Seien Sie offen für alles, was Ihnen kommt.

TIPS

- Wenn nichts passiert, legen Sie den Rückwärtsgang ein und machen Sie langsamer! Mit allergrößter Wahrscheinlichkeit drängeln Sie zu sehr und erwarten zuviel. Erinnern Sie sich daran, daß Sie vor allem eine vertrauensvolle Beziehung zu Ihren inneren Körpergefühlen aufbauen wollen. Jede Information, die kommt, ist extra. Seien Sie einfach da... und zeigen Sie Interesse.

«Ich frage...»

Wenn Sie dem Felt Sense eine Zeitlang Gesellschaft geleistet haben, spüren Sie in sich hinein, ob es sich richtig anfühlt, jetzt eine Frage zu stellen. Eine Frage kann sehr nützlich sein. Sie kann Ihnen zum Beispiel helfen, bei Ihrem Körpergefühl zu bleiben. Eine Frage gibt dem Felt Sense behutsam eine Art Struktur, und sie lenkt Ihre Aufmerksamkeit auf das, was außerdem noch da ist. Manchmal fühlen sich Fragen aber auch verkehrt an: Die innere Stelle möchte im Moment nicht gefragt werden.

Wenn Sie dem Felt Sense eine Frage stellen, erwarten Sie bloß nicht, daß er Ihnen im wörtlichen Sinn antwortet. Benutzen Sie Ihre Frage eher dazu, aufmerksam noch mehr von dem zu erspüren, was da ist. Als ich mit Focusing begann, hatte ich beim Fragenstellen ziemliche Schwierigkeiten. Irgendwie dachte ich, in meinem Inneren müßte sich ein kleiner Mund öffnen und mir Auskunft geben. Als das nicht geschah, hielt ich mich als Focuser für einen hoffnungslosen Fall, bis ich dahinterkam, daß das auch bei Leuten, die erfolgreich fokussierten, nicht so funktionierte. Es öffneten sich keine kleinen inneren Münder, sondern die Focuser schienen als Reaktion auf eine offene, fragende Haltung einfach mehr zu spüren. Nicht das Fragenstellen war das Entscheidende, sondern eine freundlich-interessierte und respektvoll-neugierige Haltung. Die Fragen sollen Ihnen also vor allem dazu verhelfen, diese innere Einstellung beizubehalten.

Ich gebe Ihnen nun die vier nützlichsten Fragen an die Hand. Sie und Ihr Focusing-Prozeß sind jedoch einmalig. Seien Sie also offen dafür, daß heute irgendeine andere Frage die hilfreichste für Sie ist, und bitten Sie Ihren Körper, Ihnen spüren zu helfen, welche Frage das ist.

«Ich frage, ob es irgendeine Gefühlsqualität hat»

Falls Sie noch keine Emotion wahrgenommen haben, versuchen Sie es an dieser Stelle mit der Frage, welches Gefühl das «Etwas» hat. Wenn der Felt Sense zum Beispiel «Enge» heißt, fragen Sie sich innerlich: «Welche Gefühlsqualität hat diese Enge?» Sie können auch ein paar Möglichkeiten ausprobieren: «Ist das eine ängstliche Enge? Eine fröhliche Enge? Oder eine wütende Enge?» Auch wenn keiner Ihrer Vorschläge zutrifft, spüren Sie während des Fragens weiter in Ihren Körper hinein, dann teilt er Ihnen schon mit, welche Gefühlswörter am nächsten dran sind.

Sobald Sie im Kontakt mit der «ängstlichen Enge» oder der

«wütenden Enge» sind, bekommt Ihr Felt Sense einen gewissen Gehalt und eine Tiefe. Und Sie haben eine viel größere Chance, noch mehr zu erfahren als zuvor mit «Enge» allein.

«Ich frage: ‹Was macht dich so ______________?›»
Wenn Ihr Focusing-Prozeß noch eine andere Frage benötigt, beziehen Sie die Beschreibung oder die Gefühlsbezeichnung mit ein:

«Was macht dich so ______________?» (In die Lücke setzen Sie die Beschreibung von vorhin oder das Gefühlswort aus der vorherigen Frage.)

Wenn die Beschreibung zum Beispiel «nervös» hieß, fragen Sie den Felt Sense also, was ihn so nervös macht, oder wenn die Gefühlsbezeichnung «ängstlich» hieß, fragen Sie ihn, was ihm so angst macht.

Wenn Ihnen das, was Sie spüren, selbstverständlich vorkommt, nach dem Motto «Na logisch, so würde sich doch jeder fühlen», fragen Sie, was sich am meisten so anfühlt. Zum Beispiel:

«Was macht dich am meisten nervös?»

«Was macht dir am meisten angst?»

Und denken Sie daran, daß Sie die Botschaft Ihres Körpergefühls erst richtig gehört haben, wenn Sie etwas erfahren, was Sie nicht schon vorher wußten.

«Ich frage es, was es braucht.»
Wenn Sie bei diesen Fragen einige Zeit verweilt haben und sich dann etwas immer noch unvollständig anfühlt, probieren Sie es mit der Frage: «Brauchst du irgendwas von mir (oder von der Welt)?», oder: «Was müßte als nächstes passieren?» Als erstes stellt man diese Frage besser nicht, sonst wirkt es zu sehr, als wollte man das Gefühl loswerden, bevor man gehört hat, was es einem sagen will.

Welche Art von Anwesenheit braucht diese Stelle? Möchte sie

einfach meine schweigende Gesellschaft? Oder ein bißchen Liebe und Mitgefühl? Braucht sie etwas Ermunterung, um noch mehr zu sagen? Fragen Sie... und warten Sie.

«Ich bitte meinen Körper, mir zu zeigen,
wie es sich anfühlen würde, wenn all das gelöst wäre.»
Wenn Sie all diese Fragen gestellt haben und immer noch das Bedürfnis nach etwas Zusätzlichem verspüren, gibt es noch einen Fragentyp, der wahre Wunder wirken kann. Irgendwann in der Zukunft wird diese ganze Sache, worum es auch immer geht, vollkommen gelöst, wieder in Ordnung sein. Erstaunlicherweise weiß Ihr Körper schon jetzt, wie sich das anfühlen würde, obwohl Ihr Verstand sich keinen Lösungsweg vorstellen kann. Stellen Sie sich innerlich die Frage: «Wie würde es sich anfühlen, wenn das alles gelöst wäre?» und warten Sie ab. Lassen Sie es sich von Ihrem Körper zeigen. Achten Sie nicht auf Gedanken wie «Ich glaube, ich wäre erleichtert» oder «Dann könnte ich mich wahrscheinlich entspannen». Bitten Sie Ihren Körper, es Ihnen zu zeigen, indem er Ihnen schon jetzt dieses Gefühl vermittelt.

Solche Fragen schaffen eine gute Atmosphäre für neue Seinsweisen und neue Handlungsschritte. Manchmal kommen diese Schritte spontan, wir können sie aber auch einladen, sich zu entwickeln. In dieser Phase ist es besonders wichtig, sich zurückzulehnen und geduldig und absichtslos abzuwarten, was vom Felt Sense kommt. Ich verspreche Ihnen, daß das, was Ihr Körpergefühl schaffen kann, unendlich viel besser, kreativer und gehaltvoller ist als alles, was Ihr Verstand sich ausdenken kann. Sie haben vielleicht das Gefühl festzustecken, aber der Felt Sense tut es nicht!

TIPS

- Denken Sie daran: Die Fragen an den Felt Sense kommen erst, nachdem man ihn begrüßt, ihn beschrieben und sich erkundigt hat, ob man ihm einfach Gesellschaft leisten soll. Wenn man auf eine innere Frage keine Antwort bekommt, liegt das meistens daran, daß man sie zu früh gestellt hat. Sie müssen erst eine gute Beziehung zu dem Etwas in Ihnen aufbauen, bevor es gewillt ist, Fragen zu beantworten.
- Wenn sich eine Frage für Ihren Felt Sense zu aufdringlich anfühlt, prüfen Sie, ob Sie sie ungeduldig gestellt haben, mit der Einstellung: «Los, sag schon, worum's dir geht, aber dalli!» Wenn das der Fall war, dann müssen Sie den ungeduldigen Teil von sich begrüßen und sich neugierig-interessiert zu ihm setzen, ihn vielleicht fragen: «Was macht dich denn so ungeduldig?»
- Es gibt viele Fragen, mit denen Sie Ihrem Körpergefühl helfen können, sich zu öffnen. Sie könnten zum Beispiel fragen, ob es ein Bild gibt, das diese ganze Sache irgendwie ausdrücken würde. Oder Sie fragen sich, was in Ihrem Leben dieses Gefühl zur Zeit hervorruft. Oder Sie fragen: «Wo ist denn der Rand? Wo ist die Grenze zwischen dem, was ich über diese Sache weiß, und dem, was ich nicht weiß? Was weiß ich schon fast?» Sie können den Felt Sense auch fragen: «Was soll ich denn wissen?»
- Stellen Sie keine Fragen, die mit «Warum» beginnen. «Warum» gehört zu Ihrem Verstand, und der wird begeistert die Gelegenheit ergreifen, alles an sich zu reißen. «Warum» enthält außerdem einen kritischen und wertenden Beigeschmack («Warum hältst du die Tasse so?»). Wenn Sie unbedingt eine «Warum»-Frage stellen möchten, formulieren Sie sie um, verwandeln Sie das «Warum» in ein «Was». «Warum bist du wütend?» wird zu «Was macht dich so wütend?» «Warum bist du verletzt?» wird zu «Was hat dich verletzt?»

- Ein Zeichen, daß Ihr Verstand das Heft an sich reißt, ist auch, wenn Sie plötzlich feststellen, daß Sie «ich glaube», «wahrscheinlich» oder «sicher ist das…» sagen. Das sind alles Anzeichen dafür, daß die Antwort nicht vom Felt Sense kommt. Gehen Sie mit Ihrer Aufmerksamkeit wieder in Ihren Körper zurück und stellen Sie die Frage noch einmal, oder nehmen Sie die «verstandesgemäße» Antwort und fragen Sie Ihren Körper «Stimmt das?» Mit der Zeit lernen Sie, das innere Gefühl Ihres Körpers zu erkennen, das Ihnen zeigt, ob eine Antwort richtig ist.
- Der Körper braucht Zeit, um zu antworten. Er ist langsamer als unser Verstand oder unser bildliches Vorstellungsvermögen. Antworten, die schnell kommen, müssen in Ihrem Körper nachgeprüft werden. Sie können stimmen, aber wir müssen uns das vom Körper bestätigen lassen.
- Wenn Sie unsicher sind, ob das, was kommt, wirklich ist, überprüfen Sie es in Ihrem Körper, an Ihrem Felt Sense. Bitten Sie Ihr Körpergefühl um Bestätigung: «Stimmt das? Hab ich dich verstanden?»
- Manchmal sind keine Fragen nötig; Sie müssen nicht unbedingt welche stellen. Seien Sie sensibel für das, was der Felt Sense braucht. Fragen sind nicht dazu da, unsere Neugier zu stillen, sie sollen dem Felt Sense vielmehr helfen auszudrükken, was er uns verständlich machen muß.

«Ich prüfe, ob es gut ist, bald aufzuhören»

Um Ihre Focusing-Sitzung zu beenden, fragen Sie zunächst Ihren Felt Sense respektvoll, ob er findet, daß Sie bald gut aufhören können. Fragen Sie ihn: «Können wir in ein paar Minuten aufhören, oder mußt du mir irgendwas noch unbedingt sagen?» Damit fragen Sie nicht, ob das Problem gelöst ist. Das Problem ist womöglich noch überhaupt nicht gelöst, schon gar nicht in einer Weise, die Ihr Verstand erwartet hätte. Vielleicht ist es aber trotzdem an der Zeit, aufzuhören. Vielleicht ist da ein Gefühl von: «Für jetzt genügt es.»

Es empfiehlt sich zu fragen, ob noch etwas herauskommen muß, bevor Sie aufhören. Oft gibt der Felt Sense etwas sehr Wichtiges zu erkennen, wenn man ihm diese Frage stellt. Manche Focuser haben diesen Teil schon als den wichtigsten der Sitzung empfunden.

Da die Veränderung beim Focusing in Schritten kommt, jedesmal ein Stückchen weiter, findet Ihr Körper womöglich, daß es für den Augenblick genug ist, obwohl Sie gleichzeitig wissen – und Ihr Körper Ihnen das vielleicht sagt –, daß sich später noch mehr ergeben wird.

Das Beenden der Focusing-Sitzung ist auch eine gute Gelegenheit, Revue passieren zu lassen, was kam und was Sie von der Sitzung gern mitnehmen würden. Focusing spielt sich auf einer so tiefen Ebene ab, daß Ihr neues Bewußtsein wieder verschüttet werden kann, wenn Sie sich nicht ein bißchen Zeit nehmen, um sich das Wichtigste aus der Sitzung einzuprägen. Gleichzeitig ist der Abschluß eine gute Gelegenheit, alle Veränderungen, die sich ergeben haben, voll und ganz in sich aufzunehmen. Auch kleine Veränderungen müssen rundum willkommen geheißen werden. Und wenn sich ein Felt Sense von etwas Beklemmendem in ein warmes, weites, frohes, oft sogar strahlendes Gefühl verändert hat, lassen Sie es in Ruhe so umfassend dasein, wie es möchte. Genießen Sie es! Laden Sie es ein, sich in Ihrem Körper so breitzumachen, wie es nur will. Dieses Gefühl braucht keineswegs aufzuhören, nur weil Ihre Sitzung aufhört. Nehmen Sie es ruhig mit!

TIPS

- Auch wenn Sie in Zeitnot sind, können Sie eine Sitzung behutsam abschließen. Teilen Sie Ihrem Körper am Anfang der Sitzung mit, wieviel Zeit Sie haben oder wann Sie aufhören müssen: «Wir haben zehn Minuten», oder «Ich muß mich um sieben für die Arbeit fertig machen». Der Körper hat eine erstaunliche Fähigkeit zum Selbst-Timing und wird dann etwas thematisieren, das für diesen Zeitraum angemessen ist.
- Beginnen Sie mit dem Abschließen ein paar Minuten, bevor Sie wirklich aufhören müssen. Meine Kollegin Barbara McGavin hat die Faustregel aufgestellt, daß man etwa ein bis zwei Minuten Abschlußzeit pro zehn Minuten Focusing benötigt. Bei einer zehnminütigen Sitzung brauchen Sie also um die zwei Minuten zum Beenden, und bei einer halbstündigen Sitzung ungefähr fünf.
- Der Focusing-Prozeß hat einen natürlichen Rhythmus von Erkundungs- und anschließenden Ruhephasen. Meistens kommt alle fünf bis zehn Minuten ein Punkt, an dem man aufhören könnte, so daß man nie allzuweit von einer günstigen Abschlußstelle entfernt ist.
- Die hier aufgelisteten Focusing-Phasen sind nur Vorschläge. Sie müssen sie nicht alle abhaken (nur die ersten bilden die Grundlage dafür, daß die späteren gut gelingen). Es kann sich bei jeder Phase richtig anfühlen, die Sitzung zu beenden. Lassen Sie sich von Ihrem Körper sagen, wann Sie aufhören sollen; Sie brauchen keine zwanzig Minuten zu fokussieren, wenn es sich gut anfühlt, nach einer Viertelstunde aufzuhören.

«Ich sage, daß ich wiederkomme»

Sie können später wieder zu Ihrem Körper zurückkehren und mit diesem Prozeß weitermachen. Ein respektvoller Abschied beinhaltet, Ihrem Inneren mitzuteilen, daß Sie wiederkommen. Damit signalisieren Sie Ihrem Körper Ihr Verständnis, daß diese Sitzung Teil eines größeren Prozesses ist und daß da noch mehr kommen wird.

TIPS

- Wenn etwas noch nicht abgeschlossen ist, findet es der Felt Sense vielleicht schwierig, Sie gehen zu lassen. Endlich schenken Sie ihm Ihre Aufmerksamkeit, da kann er schon Angst haben, daß Sie nicht wiederkommen. Womöglich müssen Sie ihm versichern, daß Sie wirklich zurückkehren, und dann sollten Sie Ihr Versprechen natürlich auch halten. Mit der Zeit, wenn Sie sich in dieser Beziehung als vertrauenswürdig erweisen, finden es Ihre Körpergefühle immer leichter, Sie am Ende einer Sitzung gehen zu lassen.
- Manchmal empfiehlt es sich, «die Stelle zu markieren», so wie man mit einem Lesezeichen eine Buchseite kenntlich macht. Vielleicht gibt es ein anschauliches Bild oder einen bestimmten Satz, mit dessen Hilfe Sie die einmal erreichte Stelle wiederfinden können. Oft ist es gut, so etwas in sein Focusing-Tagebuch zu notieren oder zu zeichnen.

«Ich danke meinem Körper und den Teilen von mir, die mit dabei waren»

Der Abschluß der Sitzung ist auch eine gute Gelegenheit, sich bei Ihrem Körperprozeß für das, was er Ihnen geschenkt hat, zu bedanken und auszudrücken, daß Sie es zu schätzen wissen.

Denken Sie daran: Der Kern von Focusing ist eine gute Beziehung zu Ihrem Inneren. Sie haben erfolgreich fokussiert, wenn Sie bei etwas geblieben sind, das Sie in Ihrem Körper spüren, selbst wenn sonst nichts geschehen ist. Sie können sich gratulieren!

Zusammenfassung der Focusing-Sätze

- «Wie steige ich heute ein?»
- «Ich spüre in meinen Körper hinein.»
- «Was verlangt gerade nach meiner Aufmerksamkeit?» oder «Wie steht es mit diesem Thema in mir?»
- «Ich begrüße, was da ist.»
- «Ich finde die beste Beschreibung dafür.»
- «Ich prüfe in meinem Körper nach, ob das paßt.»
- «Fühlt es sich richtig an, einfach dabeizubleiben?»
- «Ich leiste dem Etwas neugierig und interessiert Gesellschaft.»
- «Ich erspüre, wie es sich von seinem Standpunkt aus fühlt.»
- «Ich frage, ob es irgendeine Gefühlsqualität hat.»
- «Ich frage: ‹Was macht dich so ______________?›» [Gefühlsbezeichnung oder Beschreibung]
- «Ich frage es, was es braucht.»
- «Ich bitte meinen Körper, mir zu zeigen, wie es sich anfühlen würde, wenn all das gelöst wäre.»
- «Ich prüfe, ob es gut ist, bald aufzuhören.»
- «Ich verspreche, daß ich wiederkomme.»
- «Ich danke meinem Körper und den Teilen von mir, die mit dabei waren.»

6 Empfangen und genießen

Das positive Gefühl, das vom Focusing kommt, ist eine so außergewöhnliche Erfahrung, daß ich gern ein bißchen darüber sprechen möchte, wie man es empfängt. Gendlin nennt dieses positive Gefühl den «Felt Shift», sozusagen den «spürbaren Veränderungsschub». Alles in Ihrem Körper und Ihrem Geist, in Ihrem ganzen Organismus, arrangiert sich neu, um das neue Verständnis unterzubringen, zu dem Sie gelangt sind.

Bei anderen Methoden müssen Sie unter Umständen auf gut Glück daran glauben, daß etwas Positives geschehen ist. Beim Focusing sagt Ihnen dagegen Ihr Körper unmittelbar, daß sich etwas Grundlegendes geändert hat, und zwar, indem Sie sich auf eine ganz spezielle Art gut fühlen. Sie werden dieses Gefühl wahrscheinlich wiedererkennen. Es erinnert Sie vermutlich an das Aha-Erlebnis, das man hat, wenn einem plötzlich die Lösung eines schwierigen Problems einfällt. Vielleicht kennen Sie das Gefühl auch aus kreativen Prozessen; von diesen Momenten, wenn sich plötzlich alles wie von selbst zusammenfügt. Es ist phantastisch.

Der Felt Shift fühlt sich an wie frische Luft, die in ein Zimmer strömt, wie neues Leben, das sich innerlich regt, wie freudige Spannung oder frei fließender Schwung. Manchmal stellt sich ein deutliches Gefühl von Erleichterung und Befreiung ein. Oft verspürt man Klarheit, Frieden und einen gewissen inneren Halt; ein warmes, wohliges, weites Gefühl.

Wenn das geschieht (und das kann während der Sitzung jederzeit der Fall sein), dann lassen Sie sich Zeit, um dieses Geschenk gebührend zu empfangen. Wir neigen sehr dazu, schnell weiterzugehen, mit dem Gespürten etwas anzufangen, es zu analysieren oder sofort an den Resten des Problems oder der nächsten Schwierigkeit weiterzuknobeln. Wir behandeln unsere Probleme wie Patienten in einem Wartezimmer. Kaum geht es dem einen ein bißchen besser, rufen wir: «Der nächste, bitte!» Heißen Sie statt dessen lieber einfach willkommen, was kam... geben Sie ihm Raum... empfangen Sie es. Nehmen Sie sich Zeit zu spüren, wie es sich anfühlt.

Das gute Gefühl muß nicht aufhören, wenn Ihre Sitzung aufhört. Sie können es ruhig mitnehmen. Laden Sie es ein, sich in Ihrem Körper so breit zu machen, wie es möchte. Vielleicht strahlt es sogar bis über die Grenzen Ihres Körpers hinaus.

Wenn Sie sich nach dem Focusing nicht besser fühlen

Und wenn Sie sich nicht gut fühlen? Hat Focusing dann versagt?

Vermutlich nicht. Zum Focusing gehört ja, eine Beziehung zu Ihrem Inneren aufzubauen, und das geht nicht von heute auf morgen. Wenn Sie bisher noch nicht viel Zeit mit Ihren Felt Senses verbracht haben, brauchen diese womöglich eine Weile, bis sie Vertrauen zu Ihnen fassen. Jede Focusing-Sitzung dient dazu, dieses Vertrauen wachsen zu lassen, und jede Sitzung baut auf die vorhergehende auf.

Große Lebensthemen, bei denen wir uns eine Veränderung am dringlichsten wünschen, benötigen mehrere Sitzungen. Möglicherweise müssen Sie tagelang, wochenlang, sogar monatelang immer wieder zu einem Thema zurückkehren. (Und nicht jede Sitzung muß von diesem Thema handeln.) Stufenweise spüren Sie den Wandel oft schon lange, bevor sich ein Thema vollständig gelöst anfühlt, nach dem Motto: «Gut, wenigstens weiß ich jetzt soviel. Doch, bis hierher fühlt es sich gut und richtig an. Jetzt kann ich erst mal aufhören und dann später wiederkommen.»

Focusing fühlt sich normalerweise wohltuend an. Wie gut, das hängt von einer Reihe von Faktoren ab. Aber heißen Sie unbedingt jedes gute Gefühl willkommen, wie ein Gärtner, der sich schon freut, wenn ein grüner Keim aus dem Boden lugt, obwohl erst viel später eine Blume daraus wird.

Das Ergebnis einer einschneidenden Sitzung verankern

Hin und wieder werden Sie eine Sitzung erleben, die sich ganz besonders gut anfühlt – vor allem, wenn Sie zu einem Thema einige Male hintereinander fokussiert haben. Sie fühlen sich wie verwandelt und zutiefst erleichtert, haben einen «Big Shift» erlebt und sind einen großen Schritt vorwärtsgekommen. Das Thema fühlt sich mit all seinen Aspekten vollkommen anders an. In solchen Fällen ist es von entscheidender Bedeutung, das Ergebnis der Sitzung zu verankern. Sie haben sich tatsächlich verändert, aber eine Weile werden Ihre alten Gewohnheitsmuster noch mit den neuen gemeinsam bestehen. Gehen Sie im Geist Situationen durch, in denen das alte Muster vorkam, und achten Sie darauf, wie Sie sich jetzt fühlen und verhalten würden. Das wichtigste dabei ist zu spüren, wie sich Ihr Körper *jetzt* anfühlt, und zu spüren, wie er sich verändert hat. Bleiben Sie bei diesem veränderten Gefühl, bis Sie merken, daß es bis in jede Faser, jede Zelle Ihres Körpers vorgedrungen ist. Baden Sie darin. Machen Sie nicht einfach die Augen auf und kümmern sich um Ihren Alltag, als wäre nichts geschehen. Sonst hat es Ihre neue, verwandelte Seinsweise nämlich schwerer, in Ihrem Leben Fuß zu fassen. Nehmen Sie sich möglichst nach der Sitzung noch ein bißchen Zeit zu honorieren, was passiert ist.

Schreiben Sie in Ihr Focusing-Tagebuch
Setzen Sie sich einen Augenblick hin, spüren Sie in sich hinein, und schreiben Sie. Fangen Sie mit dem an, was Sie im Moment in Ihrem Körper fühlen. Und dann erzählen Sie, was in der Sitzung geschehen ist, soviel Sie davon noch wissen. Wie Sie angefangen haben, was dann folgte und was danach passierte. Schreiben Sie vor allem auf, was unmittelbar vor Ihrem Shift kam. Vielleicht war es ein Satz wie «Ich bin gut genug». Vielleicht war es auch ein Symbol oder ein Bild, etwa ein Baum mit ausladenden Ästen, dessen Wurzeln tief in die Erde reichen. Nach dem Schreiben spüren Sie wieder in sich hinein, ob noch etwas geschrieben werden muß, um festzuhalten, wie Sie sich jetzt im Moment fühlen.

Drücken Sie sich in Malerei oder Musik aus
Falls Sie zeichnen oder malen, ein Instrument spielen, singen oder Gedichte schreiben, möchten Sie vielleicht nach einer besonders einschneidenden Sitzung kreativ werden. Anders als der Tagebucheintrag braucht Ihr Werk natürlich nicht die Sitzung nachzuerzählen, es sei denn, Sie möchten das. Befreien Sie sich von allen inhaltlichen Zwängen und schaffen Sie einfach, was kommt. Stellen Sie jedes Urteil, ob Sie das «gut» machen, beiseite; Ihr Werk ist nur für Sie bestimmt, nicht für andere (außer natürlich, Sie möchten es herzeigen). Nehmen Sie es sich später wieder vor und erleben Sie es beim Lesen, Hören oder Betrachten noch einmal richtig körperlich.

Erzählen Sie einer Freundin oder einem Freund, was passiert ist
Suchen Sie sich bald nach Ihrer einschneidenden Sitzung einen vertrauten Freund oder eine Freundin und erzählen Sie davon. Sagen Sie vorher, daß er oder sie einfach nur zuhören soll, ohne Ratschläge oder eigene Ideen mit einzubringen. Lassen Sie beim Erzählen Ihren Körper noch einmal erleben, was in der Sitzung geschehen ist, soweit sich das passend anfühlt.

Positive Gefühle können einen körperlichen Heilungsprozeß fördern

Focusing kann Ihnen den Zugang zu Ihren körperlichen Selbstheilungskräften verschaffen, und das kann zu einer intensiven positiven Erfahrung werden.

Meine Freundin Chris Rex wurde zum zweiten Mal in sieben Jahren mit Brustkrebs konfrontiert. Am Abend vor ihrer Operation fokussierte sie, um sich darauf einzustellen, und nahm dabei ganz selbstverständlich an, in der Sitzung würde es um ihre Angst vor der Operation und ihre Bedenken, ob sie erfolgreich verlaufen würde, gehen.

Sie setzte sich hin und lenkte ihre Aufmerksamkeit in ihren Körper. Fast unmittelbar wurde sie von einer höchst angenehmen Energie überrascht, die ihr durch Arme und Beine und durch den Rumpf strömte. «Das ist Heilenergie», kam ihr in den Sinn, und vor Freude stiegen ihr die Tränen in die Augen.

Bei der OP-Vorbereitung am nächsten Tag im Krankenhaus spürte sie großes Vertrauen in die Heilkraft ihres Körpers. Ganz zuversichtlich ließ sie sich in den Operationssaal schieben. Die Operation wurde ein Erfolg, und ihr Körper heilte schnell.

Ein paar Monate später bekam sie Bestrahlungen und hatte große Schwierigkeiten damit. Wieder fokussierte sie und erwartete, mit Angst und Wut in Kontakt zu kommen, weil sie sich die Haut verbrennen lassen mußte, um zu verhindern, daß ihr Krebs wiederkam. Als sie diesmal mit ihrer Aufmerksamkeit in den Körper ging, kam ihr ein Bild von einem kühlenden Wasserfall. Sie spürte eine wohltuende, heilende Kühle im ganzen Körper, auch an der bestrahlten Stelle. Daraufhin waren die Bestrahlungen viel besser zu ertragen.

Schätzen Sie Ihre neuen Gefühle, auch wenn sie noch so unscheinbar sind

Richtig einschneidende Sitzungen sind herrlich, aber meistens fühlen sich Focusing-Sitzungen auf weniger spektakuläre Weise gut an. Genauso wie der Felt Sense zunächst vage und schwach sein kann, verhält es sich auch mit dem Felt Shift. Sorgen Sie dafür, daß Sie jede Veränderung einfach so annehmen und feiern, wie sie ist.

Was in Ihnen entstanden ist, gleicht einem zarten grünen Trieb, dessen Gärtner Sie jetzt sind. Ihre Aufgabe ist es, diesen zarten grünen Trieb vor der Stimme zu beschützen, die da behauptet, das würde noch nicht genügen, genauso wie vor allen anderen kritischen Stimmen. Es passiert furchtbar leicht, daß man die neuen Schritte der Veränderung übersieht, die in einer Focusing-Sitzung kommen. Erst neulich sagte einer meiner Schüler kopfschüttelnd zu mir: «Ich habe überhaupt keine Garantie dafür, daß das funktioniert oder irgendwas taugt – außer, daß es mir nach jeder Sitzung bessergeht.»

Und machen Sie sich keine Gedanken darüber, ob Sie verstehen, was passiert ist. Sie dürfen sich darauf gefaßt machen, daß sich Ihr Körper manchmal verändert anfühlt, obwohl Ihr Verstand nur «Bahnhof» versteht. Gönnen Sie Ihrem Verstand also eine Pause, ganz besonders in dieser Phase, und konzentrieren Sie sich ganz aufs Schützen, Empfangen und Willkommenheißen. Seien Sie der Gärtner, und denken Sie daran: Wenn der zarte grüne Trieb im Garten vorsprießt, ist er auch noch zu nichts nütze, und das ist völlig in Ordnung!

7 Einige Anwendungsbereiche

In diesem Kapitel möchte ich Ihnen ein paar Geschichten über Leute erzählen, die Focusing zu bestimmten Zwecken genutzt haben, damit Sie sehen, wie es tatsächlich in der Praxis funktioniert. Da Focusing eine Fertigkeit mit sehr vielen Anwendungsmöglichkeiten ist, decken diese Beispiele natürlich nicht alle Bereiche ab, sie deuten aber an, wie Focusing in bestimmten Lebenssituationen gewinnbringend eingesetzt werden kann.

Mit überwältigenden Gefühlen umgehen

Nach dem Scheitern ihrer Ehe brach Mary beim geringsten Anlaß in Tränen aus. Sie fühlte sich richtig zerbrechlich, und da sie befürchtete, ihre Freunde hätten von ihrem ständigen Trostbedürfnis bald die Nase voll, versuchte sie, ihre Gefühle zu verdrängen.

Sie hoffte, Focusing könnte ihr helfen, aber zunächst schien es alles nur noch schlimmer zu machen. «Wenn ich mit der Aufmerksamkeit in meinen Körper gehe», berichtete sie, «merke ich sofort, wie mir die Tränen in den Hals und in die Brust steigen, und ich kriege Angst, es überschwemmt mich gleich wieder.»

Dann erinnerte sie sich daran, daß man beim Focusing innerlich zur Kenntnis nimmt und begrüßt, was hochkommt. Sie begrüßte also die Tränen und den Teil von ihr, der Angst hatte. Zu ihrer Überraschung spürte sie eine gewisse Erleichterung. Die Tränen waren zwar immer noch da, aber ein kleines Stück von ihr entfernt, nicht mehr drauf und dran, sie zu überwältigen.

«Vorher waren die Tränen wie riesige Wellen, die über mir zusammenschlugen», erzählte Mary. «Jetzt sind sie eher wie ein See. Ein großer See zwar, aber ich stehe am Ufer und muß komischerweise nicht unbedingt reinspringen.»

Durch das innerliche Zur-Kenntnis-Nehmen und Begrüßen fand Mary zu einem angenehmeren Verhältnis zu ihren Gefühlen. Nun konnte sie zum ersten Mal ihren Tränen zuhören, weil sie sich zum ersten Mal genügend aufs Zuhören konzentrieren konnte.

«Hallo, Tränen», flüsterte sie. «Wollt ihr mir irgendwas sagen?»

Dann wartete sie ab und spürte in ihren Hals und ihre Brust hinein, als hätte sie einer traurigen Freundin eine Frage gestellt und würde sich jetzt gedulden, bis die Freundin etwas sagt.

Dabei kam ihr das Bild eines kleinen Mädchens von ungefähr vier Jahren in den Sinn. Es sah sie mit großen, traurigen Augen an, und Mary hatte das Gefühl, die Kleine sagte zu ihr: «Bitte laß mich nicht wieder im Stich!»

Verblüfft sagte Mary zu dem Mädchen: «Ist gut, aber sag mal, wann hab ich dich denn im Stich gelassen?»

Wieder wartete sie, und plötzlich hatte sie Szenen aus ihrer Ehe vor Augen, in denen sie ihre eigenen Gefühle und Bedürfnisse zurückgestellt hatte, weil sie dachte, ihr Mann müsse vorgehen. Jetzt konnte sie sehen, wie in diesen Szenen das kleine Mädchen wie ein Gespenst in der Zimmerecke stand, wie ihre eigenen Gefühle und Bedürfnisse verzweifelt darauf warteten, zur Kenntnis genommen zu werden.

Sie mußte weinen, aber diesmal fühlten sich die Tränen willkommen und frisch an, nicht überwältigend. «Ich laß dich nicht wieder im Stich», sagte sie zu dem Mädchen und spürte dabei eine innere Kraft aufsteigen. «Bestimmt nicht!»

Überwältigende Gefühle sind ein Zeichen dafür, daß etwas sehr Wichtiges sich verständlich machen will und unsere Aufmerksamkeit braucht. Leider kommt oft genau die Intensität solcher Emotionen unserer Zuhörbereitschaft in die Quere. Wenn wir ein solches Gefühl begrüßen und eine gute Beziehung dazu herstellen können, ist es gleich leichter zu ertragen und kann uns seine Botschaft mitteilen.

Selbst wenn ein überwältigendes Gefühl manchmal von Tränen begleitet wird, können sich diese willkommen und frisch anfühlen – ein Zeichen, daß Sie mit etwas Wirklichem und Wichtigem in Verbindung gekommen sind. Ihr Körper weiß, wann das der Fall ist.

Sich aus einer Abhängigkeit befreien

Angela kam zum Focusing zu mir, um sich ihren Heißhunger auf Süßigkeiten abzugewöhnen. Sie dachte nicht im Traum daran, daß sie sich dabei auch von ihrem Job ohne Perspektiven lösen würde, den sie nicht ausstehen konnte.

Sie setzte sich ruhig hin, ging mit ihrer Aufmerksamkeit in ihren Körper, beziehungsweise in die Hals-, Brust- und Bauchgegend, und bat den Teil von ihr, der so gern Süßigkeiten aß, mit ihr in Verbindung zu treten. Nach einer Weile spürte sie etwas in der Sonnengeflechtgegend. Ich ermunterte sie, in Ruhe hinzuspüren und es zu beschreiben.

«Es fühlt sich an wie Trauer», sagte sie. «Aber ich habe keine Ahnung, worum es geht.» Ich lud sie ein, dem Gefühl sanft und verständnisvoll Gesellschaft zu leisten und alles wahrzunehmen, was ihr über diese Stelle noch zu Bewußtsein kam. Kurz darauf meinte sie: «Da ist ein Loch. Ein Teil von mir trauert und versucht dauernd, dieses Loch aufzufüllen.»

Ich bat sie, bei dieser Stelle in ihrem Körper freundlich-aufmerksam zu bleiben und mehr davon zu erspüren, wie dieser Teil von ihr sich fühlt.

«Er trauert, weil er sich nicht ändern will; er kennt ja nichts anderes.»

Ich schlug ihr vor, das innerlich zur Kenntnis zu nehmen, und als sie das tat, bemerkte sie noch mehr: «Jetzt ist da auch Angst...» Die Angst spürte sie an derselben Stelle im Körper, in der Gegend des Sonnengeflechts.

«Es hat irgendwas mit ‹sich gut fühlen› zu tun», sagte sie und schwieg eine Weile, um sich wieder aufs Spüren zu konzentrieren. «Dieser Teil von mir kriegt Angst, wenn es mir zu lange zu gut geht, deshalb kommt er dann an und macht Rabatz. Ach so! Er beschützt mich! Jedenfalls meint er, daß er mich beschützt.»

Das war eine große Erkenntnis; Angelas Ton war inzwischen viel leiser und sanfter geworden. Sie spürte den Unterschied auch körperlich, hatte plötzlich Wärme und Mitgefühl für diesen Teil von sich übrig. Die Angst war zwar immer noch da, aber lange nicht mehr so stark.

«Ich habe richtig Mitleid mit diesem Teil», erklärte sie. «Er mußte so lange Angst haben.»

Dann kam eine Verbindung zu ihrem Job. «Oh, Mann! Dieser Teil von mir hat Angst vor Freude, deshalb hält er mich in einem Job fest, der mir keinen Spaß macht.» Sie blieb mit ihrem Empfinden weiter an dieser Stelle in ihrem Körper und öffnete sich für die innere Bedeutung, die sich dort bildete. «Der Teil glaubt nämlich, wo Freude ist, da ist auch Leid.»

Und jetzt wurde die Veränderung sogar für mich sichtbar. Angela strahlte richtig von innen heraus. «Es ist, als wäre gerade ein riesiger Damm gebrochen, und lauter Energie fließt jetzt durch mich durch. So als würde ich aus einer Höhle an die Oberfläche auftauchen, wo ich wieder hören, sehen und riechen kann.»

Als ich fragte, wie es sich an der Stelle in ihrem Körper jetzt anfühlte, sagte sie: «Ganz liebevoll, froh und frei.»

Drei Monate nach der Sitzung saß Angela in einer Ausbildung für einen neuen Job, auf den sie sich freute. Ihr Süßigkeitenkonsum war nunmehr gemäßigt und stellte kein Problem mehr dar.

Wenn Sie Focusing auf eine Abhängigkeit anwenden möchten (und jedes ständig wiederholte Verhalten, das der unmittelbaren

Wahrnehmung unserer Gefühle in die Quere kommt, ist eine Abhängigkeit), dann lassen Sie einen Felt Sense zu dem Teil von Ihnen entstehen, der sich so verhalten will – der also unbedingt tafelweise Schokolade verschlingen, trinken oder rauchen will. Dieser Teil hat bisher keine eigene Stimme gehabt, weil Sie so sehr damit beschäftigt waren, mit ihm zu schimpfen («So viel zu trinken ist ungesund») oder ihn zu entschuldigen («Aber ich verdiene doch ein bißchen Entspannung bei meinem stressigen Leben»). Focusing erlaubt Ihnen, diesen Teil von seinem Standpunkt aus zu erspüren und zu entdecken, welche unterschwelligen Ziele er verfolgt.

Sehr ergiebig kann auch die Frage sein, ob da vielleicht noch ein Teil ist, der von dem Abhängigkeitsverhalten versteckt oder unterdrückt wird. Sie können sich in Ihrem Körper die Frage stellen: «Ist noch etwas darunter versteckt?» oder: «Ist da etwas, das leben möchte?»

Eine Entscheidung treffen

Matt wohnte in Chicago, aber eigentlich zog es ihn von dort weg. Eine wichtige Beziehung hatte sich vor kurzem aufgelöst, und sein Job war auch nicht das, was ihm vorschwebte. Sein bester Freund war nach Seattle gezogen und mochte die Stadt sehr. Matt besuchte ihn eine Woche lang, in der er einen guten Eindruck vom Leben in Seattle bekam. Trotzdem konnte er sich nicht so recht entscheiden hinzuziehen. Er lebte nun schon lange in Chicago und hatte sich dort einen großen Freundeskreis und ein schönes Zuhause geschaffen.

Zunächst versuchte er es mit einer Liste: pro und contra umziehen oder bleiben. Sowohl das Umziehen als auch das Bleiben hatten jedoch Vor- und Nachteile, und nach dem Aufstellen der Liste fühlte Matt sich genauso hin- und hergerissen wie zuvor. Also entschloß er sich, es mit Focusing zu probieren.

Wenn man auf eine Entscheidung zwischen zwei klaren Optionen fokussiert, ist es oft am besten, sich jeweils eine davon vorzunehmen und dazu einen Felt Sense entstehen zu lassen. Matt wählte zuerst die Möglichkeit, in Chicago zu bleiben. Er ging mit der Aufmerksamkeit in seinen Körper, stellte sich vor, daß er in Chicago bleiben würde, und bat seinen Körper um ein Gefühl dazu: «Wie fühlt sich ‹in Chicago bleiben› in meinem Körper an?»

Er wartete, und nach einer Weile nahm er ein schweres Gefühl, besonders in den Armen und Beinen, wahr. In seinem Bauch saß außerdem etwas ganz Undefinierbares. Er blieb bei dem Bauchgefühl und bekam das Wort: «Stillstand». Er überprüfte das Wort in seinem Körper: jawohl, Stillstand war richtig. Er fragte, ob er sich zu dem Stillstandsgefühl setzen dürfte, um zu erspüren, wie es sich von *seinem* Standpunkt aus fühlte. Nach ein paar Sekunden kamen ihm die Worte: «bringt nicht weiter». Er sah in seinem Körper nach, und es stimmte: In Chicago zu bleiben fühlte sich an, als würde es ihn nicht weiterbringen.

Matt hatte das Gefühl, von dieser Option genügend erfahren zu haben, dankte seinem Körper und legte sie beiseite. Dann stellte er sich vor, nach Seattle zu ziehen, und fragte: «Wie fühlt sich ‹nach Seattle ziehen› in meinem Körper an?»

Diesmal spürte er ein spannendes Kribbeln in Armen und Beinen und ein leichtes Gefühl in seiner ganzen Körpermitte, besonders in der Brust. Er prüfte, ob «leicht» stimmte: jawohl. Als er bei der Empfindung blieb, kam das Wort «vorwärtskommen». Matt beendete die Sitzung mit einem klaren Gefühl, nach Seattle zu ziehen bedeute für ihn vorwärtszukommen.

Er ließ sich seine Entscheidung noch eine Weile durch den Kopf gehen, informierte sich über die Jobsituation in Seattle und redete mit Freunden. Außerdem fokussierte er noch ein paar Mal zu seinem Thema, mit ähnlichen Ergebnissen. Einen Monat später kündigte er seinen Job, packte seine Sachen zusammen und zog nach Seattle. Innerhalb einer Woche lernte er eine Frau kennen, und ein Jahr später lebte er glücklich mit ihr zusammen. Ein Job war zwar schwieriger zu finden, aber Matt hat seinen Entschluß trotzdem nie bereut.

Die meisten machen die Erfahrung, daß ein so wichtiger Entschluß wie der Umzug in eine neue Stadt nicht in einer einzigen Focusing-Sitzung gefaßt werden kann. Dazu sind oft mehrere Sitzungen über einen gewissen Zeitraum hinweg nötig, zusätzlich zu anderen Faktoren, zum Beispiel der Information über die praktischen Aspekte der Entscheidung. Beim Focusing kann auch herauskommen, daß etwas zwar die richtige Entscheidung sein mag, aber die Zeit noch nicht reif dafür ist. Focusing kann bei allen Entscheidungen eine Schlüsselrolle spielen, besonders aber bei den wichtigen. Denn gerade die möchte man schließlich nicht nur mit dem Kopf, sondern auch mit Herz und «Bauch» treffen, um sicherzustellen, daß man mit seiner ganzen Person dahintersteht und damit zufrieden ist.

Mehr von einem körperlichen Symptom erfahren

Kay hatte keine Ahnung, warum sie plötzlich andauernd niesen mußte. Es kam ihr vor wie eine Allergie, aber weder an ihrem Lebensstil noch am Wetter hatte sich in letzter Zeit irgend etwas geändert. Aus bestimmten Gründen wollte sie keine Medikamente nehmen, um das Niesen zu unterdrücken. Demzufolge ging es ihr ziemlich schlecht. Besonders das Schlafen wurde zusehends schwieriger. Sie entschloß sich, mittels Focusing zu versuchen, hinter die tiefere Bedeutung dieses Symptoms zu kommen.

Sie ging mit der Aufmerksamkeit in ihre Körpermitte und weiter in den Kopf, um die Gefühle dort zu begrüßen. Sie nahm wahr, daß ihre Augen, Nase und Ohren mitbeteiligt waren und alle irgendwelche Signale sandten. Sie kam auf das Wort «kratzig» für das Körpergefühl, das all das umfaßte. Dann leistete sie diesem «kratzig» behutsam-neugierig Gesellschaft.

Nach ein paar Minuten kamen ihr die Wörter «müde» und

«bis obenhin voll». Sie sah in ihrem Körper nach: jawohl, die Wörter stimmten. Dann fragte sie das Gefühl: «Mit welchem Bereich in meinem Leben hängt das zusammen?», und fast unmittelbar spürte sie: «Mit meiner Arbeit.»

Nachdem sie diese Antwort zur Kenntnis genommen hatte, fragte sie weiter: «Was an meinem Job bewirkt dieses kratzige, müde, ‹bis-obenhin-voll›-Gefühl?» Verschiedene Bilder kamen ihr: Sie war indirekt an einer internen Auseinandersetzung beteiligt, und sie mußte zur Zeit oft Überstunden machen für die Bearbeitung von Beschwerdebriefen, die sie kleinlich fand. «Ist es das?» fragte sie ihren Körper und spürte: Das ist ein Teil davon, aber nicht das eigentliche Thema. Also wartete sie noch ein bißchen und lud das eigentliche Thema ein, in ihr Bewußtsein zu kommen. Sie erhielt den Satz: «Es geht darum, daß ich mir selber nicht traue.» Auf einmal spürte sie eine große Erleichterung im ganzen Körper, und ihre Augen und Nase wurden frei. Sie gönnte sich, dieses Gefühl eine Weile einfach zu genießen.

Gleichzeitig war ihr klar, daß ihre Ohren ihr noch etwas mitteilen wollten. Sie ging also mit ihrer Aufmerksamkeit wieder zu den Ohren und suchte weiter nach einem Wort, um das Körpergefühl dort zu beschreiben. Das Wort, das kam, war «wund». Sie überprüfte «wund», und es stimmte. Sie setzte sich innerlich neugierig und interessiert zu dem wunden Gefühl und erhielt nach einer Weile das Wort «Getöse», was sich richtig anfühlte, aber noch nicht vollständig. Getöse beschrieb allerdings die Stimmung in der Arbeit ausgesprochen treffend. Also fragte sie das Gefühl in ihren Ohren: «Was an diesem Getöse fühlt sich denn so wund an?»

Dann kam sie darauf: «Ach so! Ich muß auf meine innere Stimme hören.» Wieder verspürte sie Erleichterung, ein inneres Gefühl der Richtigkeit. In ihren Ohren spürte sie immer noch etwas Wundes, aber offensichtlich verbarg sich dort keine weitere Information. Es fühlte sich an, als hätte dieses leise Wundsein die Funktion, sie an das soeben Erfahrene zu erinnern.

Als Kay sich zum Abschluß der Sitzung bei ihrem Körper bedankte, fiel ihr auf, daß sie gerade vierzig Minuten lang dagesessen hatte, ohne ein einziges Mal zu niesen. Am nächsten Tag schniefte sie allerdings wieder genauso wie zuvor.

Oft ist das, was wir von einem körperlichen Symptom erfahren, wahr und fühlt sich richtig an, ohne daß sich am Symptom etwas ändert. Es ist dann, als wäre Focusing auf dieser Ebene nur ein Teil des Gesamtbildes. Manchmal ändern sich Symptome andererseits durchaus durch Focusing. Ich selbst bekam zum Beispiel einmal am Vorabend eines Workshops Halsschmerzen. Das machte mir ziemlich zu schaffen, weil ich es nicht ausstehen kann, wenn ich beim Unterrichten krank bin. Meine Co-Leiterin schlug mir vor, auf die Halsschmerzen zu fokussieren, und in meiner Sitzung entdeckte ich dann, daß ein Teil von mir das Gefühl hatte, von manchen neuen Aspekten in meiner Arbeit überfordert zu sein. Ich hörte mir die Gefühle dieses Teils an und begrüßte sie. Innerhalb von einer Stunde waren die Halsschmerzen verflogen.

Eine Schreibhemmung lösen

Die Lösung einer Schreibhemmung ist meine eigene Geschichte, eine der vielen Gelegenheiten, bei denen ich Focusing in meinem eigenen Leben gewinnbringend eingesetzt habe, und sicherlich eine der verblüffendsten. Auch hier kam der Fortschritt nicht in einer einzigen Sitzung, sondern brauchte eine ganze Weile. Ich werde im folgenden nur die Highlights schildern, denn es dauerte ein paar Jahre, bis ich mit Hilfe von Focusing meine Schreibhemmung aufgelöst hatte. Und ich bin darüber heilfroh!

Als ich zum ersten Mal versuchte, durch Focusing meine Schreibhemmung zu lösen, ging ich mit der Aufmerksamkeit in meinen Körper und lud innerlich einen Felt Sense zum Thema «nicht schreiben können» ein. Ich spürte eine Dunkelheit, ein

Gefühl von «mich verstecken» in der Brust. Nicht zu schreiben fühlte sich an, wie mich zu verstecken. Das war alles.

In meiner nächsten Focusing-Sitzung zum Thema bat ich wieder um den Felt Sense der Schreibhemmung. Wieder begann es mit Dunkelheit und einem Gefühl von Verstecken, aber da war noch mehr. Nach ein paar Minuten bekam ich den feinen Unterschied zu fassen. Es fühlte sich nicht nur an wie «mich verstekken», sondern wie «mich ducken». Wenn ich mich aufrichtete, dann war es um mich geschehen. Schreiben war so etwas wie mich aufzurichten, und irgendein Teil von mir hatte Angst, daß dann etwas Schlimmes passierte.

Die nächste Sitzung begann ich mit dem Gefühl der Angst davor, mich aufzurichten. Ich bekam ein Bild von mir an einem Schießstand – und die Zielscheibe war ich. Wenn ich mich zeigte, dann würde mich jemand anschießen. Das Wort «anschießen» fühlte sich sehr wichtig an; ich merkte Veränderungen im Körper, eine Wärme in der Brust, die sich ausbreitete, sobald mir das Wort einfiel. «Anschießen, anschießen», sagte ich mir immer wieder vor und spürte in die Körperreaktion hinein. Dann kam mir plötzlich ein Bild von meinem Vater, wie er mit sarkastischem Blick sagt: «Was glaubst denn du, wer du bist?»

Ein Schwall von Erinnerungen durchflutete meinen Körper und Geist, alles mögliche auf einmal. Mir fiel ein, wie mein Vater mich immer sarkastisch «angeschossen» hatte, besonders, wenn ich überschwenglich erzählte, was er «angeben» nannte. Mir wurde bewußt, daß die zarten, kreativen Teile von mir sich versteckt hatten, weil sie vor diesen Attacken Angst hatten und sich schützen wollten. Als ich am Ende dieser Sitzung die Augen öffnete, war ich wie verwandelt. Mein ganzer Körper fühlte sich an wie neu, ganz frisch und frei. Ich wußte zwar noch nicht, was sich ändern würde, aber irgendwas tat sich bestimmt; mir stand plötzlich eine ganz neue Welt offen.

Und mein Verhältnis zum Schreiben änderte sich. Die Schwierigkeiten waren nicht wie weggeblasen, aber es ging leichter. Focusing hatte mir geholfen, mit dem Teil von mir in Verbindung zu treten, der dem Schreiben im Weg stand. Allein die Tatsache, daß ich Kontakt aufgenommen hatte, mir angehört hatte, wie sich dieser Teil von mir eigentlich fühlte, brachte schon ein bißchen Erleichterung. Nach der Erkenntnis über das «Anschießen» von seiten meines Vaters mogelte ich mich mehrere Jahre lang so durch, hatte immer wieder Phasen, wo es mit dem Schreiben flutschte, schob zwischendurch mein Schreibpensum dann aber wieder auf die lange Bank. Einerseits war ich froh, daß es mir mit der Schreiberei besserging. Andererseits war ich gespannt auf mehr, vor allem, nachdem ich jetzt einen Vorgeschmack darauf hatte, was es heißt, unbefangen zu schreiben. Also setzte ich mich noch einmal zu einer Focusing-Sitzung hin.

Wieder ging ich mit der Aufmerksamkeit in meinen Körper und bat um den Felt Sense des Teils von mir, der nicht schreiben wollte. Ich stellte bewußt meine Ungeduld beiseite und lud innerlich eine annehmende Haltung ein.

Allmählich nahm ich ein enges Band um meine Brust wahr. Als ich mit der Aufmerksamkeit bei diesem Band verweilte, spürte ich plötzlich dessen Kraft. Es war stark – und noch etwas, es hatte eine weitere Eigenschaft, die ich noch nicht in Worte fassen konnte. Es war fast, als hätte dieses Gefühl Leben in sich, und zwar eine ganz bestimmte Art von Leben. Es war dreist, frech und strotzte vor Energie, aber es war auch stur, irgendwie jung. Endlich kam ich darauf: Dieses enge Band fühlte sich «pubertär» an! Mit dieser Erkenntnis zusammen tauchte ein Bild von mir selber in der Pubertät auf, wie ich, die Hände in die Hüften gestemmt, sagte: «Du kannst mich nicht zwingen!»

Statt nun zu versuchen, mit diesem pubertierenden Mädchen zu streiten oder sie irgendwie kleinzukriegen, bewunderte ich ihre Kraft und freute mich an ihrer sturen Power. Ich bemühte mich, ihr in Ruhe zuzuhören und zu erspüren, was sie sagte und brauchte. Am Ende der Focusing-Sitzung hatte ich das Gefühl, ich hätte die innere Sehnsucht des Teils von mir zur Kenntnis genommen, der sich von keinem herumschubsen lassen will.

Ich hatte keine Ahnung, ob sich durch diese Sitzung irgend etwas in meinem Leben ändern würde. Zwar fühlte ich mich hinterher besser, aber ich hatte weder einen Entschluß gefaßt noch irgendwelche Zugeständnisse gemacht. Die «Pubertätsnudel» schien so stur zu sein wie eh und je. Deshalb war ich ziemlich überrascht, als sich am nächsten Tag folgendes abspielte:

Als es Zeit wurde, mich an meinen Schreibtisch zu setzen und den Computer anzuschalten, machte ich mich auf das übliche widerwillige Gefühl dabei gefaßt, dieses «Laß uns alles andere tun als das». Statt dessen spürte ich, wie mich eine starke positive Energie zum Computer hinzog! Und die Qualität dieser positiven Energie war dreist, frech, stur und jung – meine Pubertätsnudel! Sie zog mich an den Computer: «Komm schon, schreiben wir!» Genau die Energie, die mich vorher blockiert hatte, war jetzt völlig auf meiner Seite, weil ihre Bedenken und Gefühle auf ein offenes Ohr gestoßen waren. Seitdem hatte ich nie wieder nennenswerte Schwierigkeiten beim Schreiben, und das ist ein Unterschied in meinem Leben wie Tag und Nacht!

Focusing bei einer Blockade anzuwenden ist ähnlich wie Focusing bei einer Abhängigkeit. Eine Blockade wie eine Schreib- oder eine Ordnungshemmung kann man ausdrücken mit «Ich möchte ________________, aber ich tu's nicht.» Beim Focusing nimmt man an, daß es einen Teil von einem gibt, der etwas Bestimmtes nicht tun will, und man lädt mit einer annehmenden Haltung einen Felt Sense dieses Teils innerlich ein. Dieser Prozeß gibt einem Etwas eine Stimme, das bisher keine hatte, und löst das blockierte System auf, oft auf ganz unerwartete Weise.

Machen Sie sich auf Überraschungen gefaßt. Wenn Sie die Blockade auf eine neue Weise spüren, entdecken Sie womöglich, daß Sie eigentlich gar nicht das tun wollen, was Sie immer dachten. Eine Frau arbeitete bei mir einmal an einer Hemmung, die sie keinen Sport ausüben ließ. («Schon seit zehn Jahren bin ich da blockiert.») Nachdem sie auf den Teil von ihr, der nicht sportlich sein wollte, fokussiert hatte, verkündete sie: «Ich spüre, daß ich Sport einfach nicht ausstehen kann!» Daraufhin formulierte sie als neues Ziel, sich irgendwie anders Bewegung zu verschaffen, und schrieb sich in einem Tanzstudio ein; die Blockade war verflogen.

Ein zwischenmenschliches Problem bereinigen

Jean gab einen guten Job auf, um noch einmal weiterzustudieren. Als sie hörte, daß ihre beste Freundin sich um ihren alten Job bewarb, wurmte sie das sehr. Nicht, daß Jean insgeheim gern selber wieder dort gearbeitet hätte, sie hatte ohne irgendwelche Hintertürchen gekündigt. Aber sie «kam sich blöd vor», wie sie es nannte, als sie von der Bewerbung ihrer Freundin hörte.

Es machte ihr wochenlang zu schaffen, auch wenn sie sich noch so oft vorsagte, es spiele doch überhaupt keine Rolle, sei ganz belanglos. Darüber nachzugrübeln führte auch nicht weiter.

Also setzte sie sich zu einer Focusing-Session hin. Sie lenkte ihre Aufmerksamkeit in ihren Hals-, Brust- und Bauchbereich und bat ihren Körper um das Gefühl, das mit diesem Thema verbunden war.

Nach ein paar Minuten spürte sie etwas in ihrer Mitte. Zunächst war es so undeutlich, daß sie es nur mit dem Wort «irgendwas» beschreiben konnte. Dann kam ihr «irgendwie zusammengezogen, irgendwie länglich». Sie verglich im Körper, ob diese Wörter paßten – jawohl, sie fühlten sich stimmig an. Dann leistete sie dem Gefühl Gesellschaft.

Nach einer Weile nahm sie dort eine Traurigkeit wahr. Das überraschte sie, ausgerechnet Traurigkeit hätte sie am wenigsten erwartet. Trotzdem begrüßte sie die Traurigkeit und blieb dabei. Bald fühlte es sich richtig an, ihr eine Frage zu stellen: «Was macht dich denn so traurig?» fragte Jean.

Als Antwort darauf spürte sie, wie sich dieser Teil von ihr noch weiter zusammenzog und dann wieder ausbreitete. Sie merkte, die Traurigkeit hatte damit zu tun, daß sie irgendwie ausgebootet worden war. Aber als sie dieses Wort im Körper überprüfte, paßte es nicht.

«Das stimmt nicht ganz», sagte sie zu sich. «Es ist mehr...» Eine lange Pause. «Es ist mehr, daß sie mir nicht geglaubt hat!»

Plötzlich fielen ihr all die Gespräche ein, in denen sie ihrer Freundin erzählt hatte, wie schwierig ihr Job und was für ein Tyrann ihr Chef sei. Jean wurde bewußt, daß ein Teil von ihr fand, wenn ihre Freundin sich jetzt um diesen Job bewarb... «dann hat sie mir irgendwie nicht geglaubt!»

Auf diese Erkenntnis folgte eine Erleichterung, und das ungute, blöde Gefühl verflog. Daran lag es, und weiter gab es im Moment gar nichts zu tun. Jean brauchte sich nicht einmal zu entschließen, das blöde Gefühl loszulassen; es hatte sich schon von selbst aufgelöst und einem warmen, angenehmen, freien Gefühl Platz gemacht.

Die Beziehung zum inneren Kritiker verbessern

Darrell fing eine Ausbildung an, von der er sich erhoffte, einen befriedigenderen Beruf ausüben und manche Ziele erreichen zu können, die er schon immer gehabt hatte. Er war jedoch schon über vierzig, und jedesmal, wenn er sich konkret um seine Ausbildung kümmern wollte – zum Beispiel in der Schule anrufen, um sich nach den Kurszeiten zu erkundigen –, flüsterte eine innere Stimme: «Es ist zu spät. Du hast schon zuviel Zeit verschwendet.»

Er versuchte, diese Stimme zum Schweigen zu bringen, indem er sich vorsagte, das stimme nicht, viele Menschen drückten in seinem Alter noch einmal die Schulbank, aber die Stimme ließ nicht locker, und die Verkrampfung in seinem Bauch wurde immer fester. Wenn er seinen Freunden von den Bedenken erzählte, reagierten sie mit denselben Sprüchen, die er sich selber vorsagte: «Ach was. Es ist doch nie zu spät!» Das half genausowenig.

Also probierte Darrell es mit Focusing. Er setzte sich hin, richtete seine Wahrnehmung nach innen und bat seinen Körper um das ganze Gefühl zum Thema «neue Ausbildung». Er merkte, daß sich in seinem Inneren einiges gleichzeitig abspielte; nicht nur eine Empfindung war fühlbar, sondern mehrere auf einmal.

Als er sich fragte, was zuerst drankommen sollte, spürte er etwas Aufgeregtes in der Sonnengeflechtgegend. Er überprüfte das Wort «aufgeregt», und es stimmte. Als er das aufgeregte Gefühl begrüßte, wurde es noch ein bißchen aufgeregter, als wollte es ihm zu verstehen geben: «Ja, ja, ich bin da!»

Dann fragte er: «Gut, und was ist da noch?» und wartete. Allmählich bemerkte er ein schüchternes Gefühl, das hinter der Aufregung versteckt war. Das Wort, das ihm dazu kam, hieß «zögern». Er sah nach, ob «zögern» zu dem Gefühl paßte, und das war teilweise der Fall. Nach ein paar Sekunden fiel ihm noch «vorsichtig» ein.

Darrell begrüßte das zögernde, vorsichtige Gefühl. Dabei hörte er seinen inneren Kritiker wieder mäkeln: «Du hast schon zuviel Zeit verschwendet!» Darrell sagte sich: «Ein Teil von mir meint, ich hätte schon zuviel Zeit verschwendet... und den begrüße ich auch.» Statt darauf zu hören, was die kritische Stimme sagte, erspürte er, wie sie sich fühlte. «Hast du vor irgendwas Angst?» fragte er. Jawohl, er spürte Angst mit einem Anflug von Traurigkeit darin. «Dieser Teil von mir hat Angst, daß ich vielleicht nie kriege, was ich will.» Und mit dieser Erkenntnis verspürte er eine körperliche Erleichterung, ein innerliches «Ja, das stimmt». Also begrüßte er auch die Angst. Der innere Kritiker verschwand, und die Aufregung und das zögernde, vorsichtige Gefühl kamen wieder zum Vorschein.

Nun erkundigte er sich innerlich, ob er eine Weile bei beiden Gefühlen bleiben sollte oder ob ihn eines der beiden mehr anzog. Es fühlte sich richtig an, bei beiden zu bleiben; keines sollte «gewinnen» oder wichtiger sein als das andere. Also leistete er beiden Gefühlen Gesellschaft. «Ich lasse sowohl die Aufregung als auch das zögernde, vorsichtige Gefühl jetzt einfach mal hiersein», sagte er sich.

Zunächst spürte er eine Art Tauziehen, als rangelten die beiden Gefühle um seine Aufmerksamkeit. Doch dann veränderte sich etwas. Sein Atem wurde ruhiger, und er merkte, wie sich in seinem Körper etwas legte. Er spürte etwas Neues in der Gegenwart dieser beiden Gefühle und ihrer Beziehung zueinander. Nach ein paar Sekunden konnte er das auch in Worte fassen. Es war, als ob die Aufregung und das zögernde, vorsichtige Gefühl Partner geworden wären. Sie waren wie zwei Säulen rechts und links von seinem Körper, die ihn stützten und ihm Kraft gaben. Ein Teil von ihm verkörperte das Wissen um den richtigen Zeitpunkt, der andere das Aufregende eines Aufbruchs zu neuen Ufern.

Unter dem Bild der beiden Säulen spürte er in seiner Körpermitte die Angst, daß er vielleicht von der neuen Karriere nicht das bekommen würde, was er sich wünschte. Gleichzeitig spürte er, daß diese Angst von den beiden Partnern, dem Wissen, wie wichtig der richtige Zeitpunkt und wie aufregend ein Aufbruch zu neuen Ufern ist, besänftigt und aufgefangen wurde. Als er die Angst fragte, was sie wollte, lautete die Antwort: «Wirklich spüren, daß ich meine Fähigkeiten nutze, um einen sinnvollen Beitrag in der Welt zu leisten.»

Er bat seinen Körper, ihm zu zeigen, wie es sich anfühlen würde, wenn er jetzt schon sicher wüßte, daß er durch die neue

Ausbildung seine Fähigkeiten für einen sinnvollen Beitrag in der Welt einsetzen könnte. In seiner Körpermitte begann ein warmes, überschwengliches Gefühl sich zu entfalten und zu wachsen. Er lud es ein, sich so breitzumachen, wie es wollte, und verbrachte den Rest der Sitzung damit, die auftauchenden positiven Gefühle zu genießen und sich damit vertraut zu machen.

Der innere Kritiker hat immer vor irgend etwas Angst. Sie können seine Attacken abfangen, indem Sie ihn behutsam fragen: «Wovor hast du denn Angst?» Wenn Sie darauf eine Antwort erhalten haben, können Sie weiterfragen: «Und was willst du?» Mehr über den inneren Kritiker erfahren Sie im achten Kapitel.

Man kann jede Angst fragen, was sie will. Dadurch kann die positive Energie spürbar zum Vorschein kommen, die in der Angst versteckt ist. «Ich habe Angst, daß ich zu müde sein werde» kann sich verwandeln in «Ich wünsche mir Schwung». «Ich habe Angst, den anderen gefällt meine Arbeit nicht» kann sich verwandeln in «Ich möchte, daß meine Arbeit anerkannt wird». Vielleicht spüren Sie den Unterschied zwischen den beiden Aussagen. Beide können stimmen, aber die zweite hat eine positive Qualität, die ein Vorwärtskommen ermöglicht. Nehmen Sie Angst also zunächst zur Kenntnis und fragen Sie dann, was sie will.

Wenn Sie erspürt haben, was die Angst will, laden Sie innerlich das Gefühl ein, wie es wäre, wenn dieser Wunsch jetzt schon erfüllt wäre oder wenn Sie die Gewißheit hätten, daß er sich irgendwann erfüllt. Dann ist die Angst zwar vielleicht nicht wie weggeblasen, aber Sie spüren auch die positive Energie, die sich einstellt, wenn Sie bekommen, was Sie möchten.

8 So überwinden Sie Start-Schwierigkeiten

Inzwischen haben Sie Focusing schon ein paarmal selbst ausprobiert. Wenn es Ihnen leichtgefallen ist und ergiebig war, dann herzlichen Glückwunsch! Sie sind eine Ausnahme. Die meisten Menschen bleiben an so manchen Stellen stecken, wenn sie diese Fertigkeit wiederentdecken, die unser antrainiertes Verhalten revolutioniert. Dieses Kapitel hilft Ihnen bei solchen schwierigen Stellen weiter.

«Ich habe Schwierigkeiten, einen Felt Sense zu spüren»

Ich kann mich noch an eine Übung aus meinen ersten Focusing-Stunden erinnern, bei der wir mit der Aufmerksamkeit in unseren Körper gehen und wahrnehmen sollten, was wir dort spürten. Ich war entsetzlich frustriert. Nichts! Mattscheibe! Ich spürte gar nichts und hatte keine Ahnung, wie ich irgend etwas spüren sollte. Ich schämte mich, weil ich es nicht konnte, war deprimiert, daß ich es womöglich nie lernen würde, und machte mir Sorgen, ob der süße Knabe gegenüber wohl je Lust hätte, mit mir zu fokussieren. Keine Gefühle, was? Wie Sie sehen, spürte ich eine ganze Menge! Aber diese Gefühle nahm ich nicht zur Kenntnis. Sie waren nicht das, worauf ich wartete oder was ich dachte, finden zu sollen, und deshalb zählten sie einfach nicht.

Falls Sie bei Ihren Focusingversuchen auch eine «Mattscheibe» haben sollten, bekommen Sie hier hilfreiche Tips. Oft geht es einfach darum, etwas mit einzubeziehen, was man vielleicht ignoriert hat.

Vielleicht spüren Sie etwas Positives

Womöglich suchen Sie mit Feuereifer nach etwas Verkrampftem oder Schwerem oder sonstwie Unangenehmem und verpassen dabei ein tatsächlich vorhandenes positives Gefühl: etwas Ruhiges, Überschwengliches, Freies oder Warmes. Felt Senses können sich auch gut anfühlen! Vor lauter Warten auf ein schlechtes Gefühl haben Sie womöglich den Eindruck, «nichts» zu fühlen, obwohl Sie einfach ein gutes Gefühl haben.

Stellen Sie sich in Ihrem Körper die Frage: «Spüre ich vielleicht etwas Positives?» «Fühle ich mich gerade rundum wohl in meiner Haut?» Und seien Sie dann offen für jedwede Empfindung – verkrampft oder entspannt, schwer oder leicht, eng oder weit. Achten Sie darauf, ob es sich in Ihrer Brust anders anfühlt als in Ihrem Bauch. Und achten Sie darauf, ob es sich in Ihrem Hals anders anfühlt als in Brust oder Bauch. Manchmal kann man Unterschiede spüren, selbst wenn man nur schwer beschreiben kann, worin sie bestehen.

Vielleicht spüren Sie etwas ganz Leises

Felt Senses können sehr fein und zart sein. Als Kinder der westlichen Industrieländer haben wir nie gelernt, auf leise Gefühle zu achten. In meiner Jugendzeit ignorierte man seinen Körper so lange wie möglich, und wenn das nicht mehr ging, nahm man eine Tablette oder ging zum Arzt. Wenn unser Körper schreien muß, um sich verständlich zu machen, wird er das tun. Aber sollten wir nicht lieber hinhören, wenn er noch flüstert, damit er nicht erst schreien muß?

Es kann eine Weile dauern, bis Sie lernen, leise Gefühle in Ihrem Körper wahrzunehmen. Dafür müssen Sie Ihre Wahrnehmung erst fein genug einstellen. Wenn Sie ein junges Mädchen, das immer nur laute Musik hört und knallige Farben sieht, in einen wunderschönen Wald setzen, sagt sie zunächst vermutlich: «Mann, ist das langweilig hier! Hier ist ja absolut nichts los!» Aber nach einer Weile merkt sie, daß doch etwas passiert und daß da auch Geräusche sind. Und noch eine Weile später merkt sie, daß der Wald unendlich faszinierend ist, allerdings erst, wenn sie ihre Wahrnehmung auf so sensibel eingestimmt hat, daß sie merkt, was dort vor sich geht.

Seien Sie also beim Focusing offen für feine, leise Empfindungen. Und machen Sie's nicht so wie ein Workshop-Teilnehmer, der mir nach einer Übung erklärte, er habe nichts gespürt. Als ich ihn bat, seine Erfahrung ein bißchen genauer zu beschreiben, sagte er: «Also, erst war da so ein leises, zittriges Gefühl in meinem Hals, aber das fand ich nicht stark genug, deshalb habe ich weitergesucht. Dann hatte ich so einen komischen Knoten im Bauch, aber der konnte einfach davon kommen, wie ich dasaß, also habe ich weitergesucht. Dann habe ich in der Herzgegend so was Überschwengliches gespürt, aber da dachte ich, das bilde ich mir sicher nur ein, weil ich so ein Gefühl eben gern hätte. Und dann kam nichts mehr, deshalb habe ich die Augen aufgemacht und Ihnen gesagt, daß ich nichts gespürt habe.»

Trauen Sie Ihren Felt Senses ruhig etwas zu. Wenn sie *vielleicht* da sind, nehmen Sie doch an, daß sie *tatsächlich* da sind. Und warten Sie ab, was dann passiert!

Vielleicht spüren Sie etwas schwer zu Beschreibendes

Es kann auch sein, daß Ihr Felt Sense durchaus vorhanden, aber schwer zu beschreiben ist. Gratulieren Sie sich! Genau diese Erfahrung korrelierte ja mit erfolgreicher Therapie in der Studie, die zur Entwicklung von Focusing führte. Wer etwas spürte, zunächst aber keine Worte dafür fand, hatte mit der größten Wahrscheinlichkeit in seiner Therapie Erfolg.

Es ist wirklich die Zeit wert, die es kostet, um allmählich die Worte zu finden, die auf den Felt Sense passen. Unsere Kultur bringt uns nicht bei, den langsamen Prozeß zu schätzen, bei dem man für ein vages Gefühl die richtigen Worte findet. Wir legen Wert auf Geschwindigkeit und «gewandte Ausdrucksweise» – das heißt: Hauptsache, die Worte kommen schnell, ob sie nun stimmen oder nicht. Auf diese Weise betrügen wir uns selbst, weil wir uns dauernd auf Kosten unserer inneren Wahrheit um etwas kümmern, das leichter auszudrücken und leichter zu erklären ist.

Wenn Sie etwas schwer zu Beschreibendes spüren, probieren Sie es mit meinem Lieblingswort «irgendwas», um es innerlich zur Kenntnis zu nehmen. «Ich spüre irgendwas.» Diese positive Bestätigung wird es Ihnen erleichtern, bei dem zu bleiben, was Sie gerade fühlen, selbst wenn sich keine anderen Beschreibungen einstellen. Dann erlauben Sie sich, nach Ausdrücken wie «irgendwie...», «so...» oder Wortkombinationen wie «klebrig-pelzig» oder «zittrig-mulmig-aufgeregt» zu suchen. Denken Sie daran, es geht nicht darum, die richtige Beschreibung zu finden, sondern es geht um den Prozeß des inneren Wahrnehmens.

«Ich kann nie auf eine Sache fokussieren; es passiert zuviel auf einmal»

An manchen Tagen können eine ganze Menge Themen auf einmal Ihre Aufmerksamkeit verlangen. Das ist dann, als kämen Sie in ein Zimmer, und alle würden nach Ihnen rufen. Wenn es sich nach Chaos anfühlt, sobald Sie mit der Aufmerksamkeit in Ihren Körper gehen, dann hilft oft ein Focusing-Prozeß namens «Freiraum schaffen».

Beim Freiraumschaffen nimmt man jedes «Irgendwas», sobald es hochkommt, innerlich zur Kenntnis, ohne sich weiter damit zu beschäftigen. Begrüßen Sie jedes einzeln, und bitten Sie es jeweils innerlich, sich einen sicheren Platz zu suchen, wo Sie es später wiederfinden können. Sie können es zum Beispiel bitten, sich auf ein Regal neben Ihnen oder auf ein Kissen vor Ihnen zu setzen. Vielleicht müssen Sie auch erst ein bißchen mehr darüber erfahren oder in Ruhe ein Bild oder eine Beschreibung dafür suchen, damit Sie es später wiederfinden. Oder Sie möchten jedes einzelne Etwas in Ihrem Focusing-Tagebuch notieren. Lassen Sie jedes wissen, daß Sie vorhaben, wiederzukommen und dann länger dabeizubleiben. Das hilft ihm, Sie loszulassen. Fragen Sie immer wieder: «Was soll ich noch begrüßen?» und wiederholen Sie den Vorgang mit allen Themen oder Gefühlen, die kommen.

Irgendwann – schneller, als Sie meinen – gelangen Sie an einen Punkt, wo auf die Frage nach dem «was noch?» nichts mehr hochkommt. Wahrscheinlich fühlen Sie sich innerlich ruhig, friedlich und frei. Falls nicht, achten Sie darauf, ob da ein «Hintergrundgefühl» ist, also eines, das so konstant vorhanden ist, daß Sie es gar nicht mehr wahrnehmen. So ähnlich, wie man die Farbe der eigenen Tapete nicht mehr wahrnimmt. Es ist schon normal geworden, sich «immer müde» oder «immer unter Druck» oder «immer traurig» oder «immer» sonstwie zu fühlen. Achten Sie darauf, ob es bei Ihnen so etwas gibt. Und dann bitten Sie dieses Gefühl ebenfalls, sich außerhalb von Ihnen einen sicheren Platz zu suchen.

Die häufigste Schwierigkeit beim Freiraumschaffen ist, sich in einen Kampf mit seinen Gefühlen zu verstricken, sie mit Gewalt auf dieses Regal verbannen zu wollen, obwohl sie selber nicht möchten. Die Gefühle müssen Sie freiwillig loslassen. Sie können sie bitten, aber Sie können sie nicht zwingen. Wenn sich etwas an Sie klammert, versuchen Sie es mit der Frage: «Was brauchst du gerade, damit du eine Weile auf meine Aufmerksamkeit warten kannst?»

«Muß es beim Focusing um Probleme gehen? Was ist, wenn ich mich wohl fühle?»

Beim Focusing muß es nicht um Probleme gehen. Man kann sehr lohnende und ergiebige Focusing-Sitzungen haben, die von angenehmen Körpergefühlen ausgehen, von etwas Entspanntem, Warmem, Offenem, Friedlichem, Überschwenglichem oder ähnlichem. Wenn Sie am Anfang Ihrer Focusing-Sitzung in Ihren Körper hineinspüren, dann achten Sie unbedingt auch auf die positiven Gefühle. Ignorieren Sie sie nicht. Sie zählen!

Gehen Sie mit diesen Felt Senses um wie mit anderen auch: Begrüßen Sie sie, suchen Sie die richtige Beschreibung dafür und prüfen Sie dann, ob sie paßt. Gönnen Sie sich ruhig, diese Gefühle in Ruhe auszukosten und zu genießen.

In der Fragephase sprechen die positiven Gefühle auf etwas andere Fragen an als die negativen. Probieren Sie es mit: «Ist da etwas, das du mir zeigen oder geben willst?» oder: «Was brauchst du, damit du öfter in meinem Leben vorhanden sein kannst?»

Wenn Sie ein positives und ein negatives Gefühl zugleich haben, müssen Sie sich nicht zwischen den beiden entscheiden. Seien Sie einfach *in* dem positiven Gefühl und leisten Sie von dort aus dem nicht so positiven Gefühl Gesellschaft. Ein Beispiel: Bryan spürte eine Wärme in der Brust und eine Verspannung im Bauch. Er nahm beides innerlich zur Kenntnis und genoß dann in Ruhe die Wärme in seiner Brust. Als er prüfte, ob «Wärme» das richtige Wort war, paßte es zu der Körperempfindung, und er konnte spüren, daß die Wärme mit seiner Liebe zu seinen Kindern und seiner Freude an ihnen zusammenhing. Dann blieb er innerlich in seiner Brust und ging mit seiner Wahrnehmung auch zu der Verspannung im Bauch. Dabei ging er nicht in die Verspannung im Bauch hinein, sondern verweilte in der Brust und spürte von dort aus in seinen Bauch hinein. Als würde er das positive Gefühl (die Wärme) zu Hilfe nehmen, um dem nicht so positiven (der Verspannung) ein Freund zu sein. Eine Weile hörte er der Verspannung zu, um zu erfahren, worum es ihr ging. Er konnte sozusagen die Wärme in seiner Brust zu Hilfe nehmen, um der Verspannung im Bauch freundlich und mitfühlend zu begegnen. Und dabei entdeckte er, daß sein Bauch sich vor lauter Sorge verspannte, daß seinen Kindern auch ja nichts passierte. Als er seinem Bauch erklärte, er habe die Sorge gehört, entspannte er sich.

«Ich bekomme oft Bilder, wenn ich die Augen zumache und in meinen Körper hineinspüre. Gehören Bilder zu Focusing?»

Selbstverständlich können Bilder ein Bestandteil von Focusing sein. Wenn Sie mit Ihren Bildern schlau umgehen, können sie Ihren Focusing-Prozeß fördern. Es gibt allerdings ein paar Fallstricke, vor denen man sich in acht nehmen sollte.

Man kann zum Beispiel von einer faszinierenden Bilderfolge dazu verleitet werden, die ganze Sache mit der Hineinspürerei in den Körper zu vergessen und sich einfach in eine Art inneres Kino zu setzen, ohne die Verbindung des Films zum Felt Sense im Körper zu fühlen.

Wenn ein Bild kommt, achten Sie zunächst darauf, ob Sie es im Körper spüren oder scheinbar vor Augen sehen. Das ist nämlich die entscheidende Frage. Körperlich gespürte Bilder sind zum Beispiel: «Ich habe einen bemoosten Stein im Bauch» oder «Da ist eine rote Rose in meinem Herzen». Visuelle Bilder sind zum Beispiel: «Ich sehe das Gesicht meiner Mutter» oder «Ich sehe einen Löwen, der in einem Käfig hin- und herrennt».

Wenn Sie ein körperlich gespürtes Bild haben, gibt es keine Probleme. Behandeln Sie es einfach wie einen Felt Sense – begrüßen Sie es innerlich, setzen Sie sich dazu, und wenn Sie möchten, stellen Sie ihm Fragen. Das «visuelle Bild» dagegen kann Sie dazu verleiten, die Verbindung zu Ihrem Körper zu verlieren. Wenn Ihnen also ein visuelles Bild kommt, zeigen Sie es Ihrem Körper und fragen Sie ihn, wie sich das in ihm anfühlt. Verscheuchen Sie das Bild nicht, sondern lassen Sie zusätzlich ein Körpergefühl dazu entstehen. Wenn sich das Bild verändern möchte, dann fragen Sie wieder, was das in Ihrem Körper auslöst. Sie können so viele Bilder haben, wie Sie möchten, solange Sie nicht vergessen, sie immer wieder Ihrem Körper vorzusetzen und zu prüfen, welche Gefühle das in ihm auslöst.

Ein Beispiel: Tony ging zu Anfang seiner Focusing-Sitzung mit der Aufmerksamkeit in seinen Körper und fragte: «Was möchte denn kommen?» Statt eines Körpergefühls bekam er ein visuelles Bild eines Löwen, der in einem Käfig hin- und herrannte. Also fragte er sich: «Wenn ich dieses Bild so sehe, wie fühlt sich das in meinem Körper an?» Er bemerkte einen Druck auf seiner Brust, blieb innerlich bei dem Druck und dem Bild zugleich und verglich in seinem Körper, ob das Bild des hin- und herrennenden Löwen zu dem Druck paßte. Es paßte. Als er fragte, wo in seinem Leben es ein solches Gefühl gab, merkte er, daß er sich in seinem Job so fühlte. Während er weiter mit der Aufmerksamkeit bei dem Druck in der Brust blieb, empfand er von dort aus mit dem Löwen mit. Er spürte, daß sich der Löwe «rastlos» und «in der Falle» vorkam. Er überprüfte die Wörter «rastlos» und «in der Falle» an dem Druck in der Brust, und sie paßten gut. Und so ging die Sitzung weiter; Tony blieb mit seiner Wahrnehmung bei dem Bild und dem Körpergefühl zugleich, so daß sich beide im Verlauf der Sitzung immer weiter verändern konnten.

«Und wenn mir nie Bilder kommen? Ist Focusing dann trotzdem für mich geeignet?»

Es gibt offenbar Menschen, denen Bilder leicht kommen, und andere, bei denen das nicht der Fall ist. Das hat aber nichts damit zu tun, ob Sie Focusing betreiben können oder nicht. Sie können für den Rest Ihres Lebens erfolgreich fokussieren, ohne auf ein einziges Bild zu stoßen. Wenn Bilder kommen, dann können und sollen sie mit einbezogen werden, aber sie sind keineswegs Voraussetzung.

«Was ist, wenn ich meinen Felt Sense frage, was er braucht, und er dann etwas verlangt, das ich ihm nicht geben kann oder will?»

Den Felt Sense zu fragen, was er braucht, beinhaltet noch kein Versprechen, daß Sie ihm das Gewünschte geben können oder wollen. Das Handeln muß man vom Prozeß des Wahrnehmens und Erlebens klar trennen. Ein Beispiel für jemand, der Handeln und Wahrnehmen nicht unterschied, war ein Kursteilnehmer namens John: Als ich ihn einmal fragte, ob er sich zugestehen könne, seine Wut zu spüren, erwiderte er: «Nein, denn wenn ich meine Wut spüre, schlage ich hier alles kurz und klein.» Er hatte noch nicht entdeckt, wie man spürt, ohne zu handeln.

Wenn Sie Ihren Felt Sense fragen, was er braucht, sollten Sie damit in Erfahrung bringen wollen, was er ausdrücken möchte, und ihm die Gelegenheit bieten, voll und ganz verstanden zu werden. Ob er je das bekommt, was er will, ist eine andere Frage. Zunächst einmal möchten Sie wissen, was er braucht.

Beim Fokussieren sind Sie mit einem sich ständig wandelnden Prozeß in Verbindung. Was sich im Augenblick richtig anfühlt, kann sich im nächsten Moment zu etwas anderem weiterentwikkeln. Deshalb hat es keinen Sinn, sich in einen bestimmten Schritt zu sehr zu verbeißen. Wenn Ihr Inneres etwas Unmögliches, Gefährliches oder gar Verbrecherisches fordert, schreien Sie nicht gleich: «Spinnst du?» Damit bringen Sie Ihren Prozeß nur zum Stillstand. Sie brauchen sich überhaupt nicht damit herumzuschlagen, ob das, was Ihr Inneres will, auch passieren wird. Nehmen Sie einfach zur Kenntnis, daß es das will, und bitten Sie es, Ihnen noch mehr zu erzählen.

Sagen wir, ich fokussiere darauf, was ich in meinem Leben gerade nötig hätte, und ich bekomme das Gefühl, es wäre goldrichtig, mich heute noch ins Flugzeug zu setzen und ab nach Tahiti zu fliegen. Dann kann ich natürlich meinem Körper sämtliche Gründe auflisten, warum das nicht geht. Das bringt mich allerdings keinen Schritt weiter. Also nehme ich das Gefühl zur Kenntnis, höre ihm zu und bitte es, mir noch mehr zu erzählen. Als nächstes spüre ich womöglich, daß das Goldrichtige an Tahiti die Gelegenheit wäre, mich ganz ohne Verpflichtungen völlig zu entspannen. «Aha. Verstehe», sage ich. «Gibt's dazu noch mehr?» Nach einer Weile komme ich darauf, daß mein Alltag im Moment wirklich bis zum Rand mit Verpflichtungen vollgestopft ist und daß ich dieses Gefühl noch nicht wirklich zur Kenntnis genommen und gewürdigt hatte. Jetzt bin ich richtig erleichtert – und habe gar nicht mehr das Bedürfnis, nach Tahiti zu fliegen. (Dafür vielleicht das Bedürfnis, mir mehr Zeit zum Entspannen zu gönnen.)

Lassen Sie sich also nicht auf einen Streit mit Ihrem Körper ein. Sie brauchen weder zu tun, was er sagt, noch brauchen Sie sich zu weigern. Wenn er etwas will, sagen Sie einfach: «Aha, ich verstehe», und hören Sie weiter zu.

Die andere Seite der Medaille ist allerdings, daß das Vermeiden konkreter Schritte im Leben Ihren Focusing-Prozeß auch blockieren kann. Wenn Ihnen Ihr Prozeß immer wieder sagt, daß Sie in irgendeiner Richtung etwas unternehmen sollten, und Sie setzen diese Erkenntnis dann nicht wirklich in die Tat um, werden Sie auch bei Ihrem Focusing-Prozeß auf der Stelle treten. Focusing ist nicht von Ihrem Leben getrennt; es ist ein Teil des Lebens, und manchmal ist eben ein bestimmter Schritt in Ihrem Leben der Schritt, der Ihren Focusing-Prozeß weiterbringt.

Ein Beispiel: Sie fokussieren darauf, wie Sie Ihrem Geschäft auf die Beine helfen könnten. Es kommt heraus, daß Sie beim nächsten lokalen Kabelsender anrufen und sich erkundigen sollten, wie Sie ins Fernsehen kommen. Aber Sie tun es nicht. Beim nächsten Focusing kommt wieder dieselbe Antwort. Sie können dann natürlich darauf fokussieren, was diesem Anruf bei Ihnen im Weg steht. Aber irgendwann müssen Sie etwas Konkretes unternehmen, damit es mit diesem Teil Ihres Lebens vorangeht.

Dabei muß dieser konkrete Schritt nicht der riesengroße

Schritt sein, den Ihr innerer Kritiker von Ihnen fordert. Bitten Sie Ihren Körper lieber um einen Schritt vorwärts, der sich machbar anfühlt, auch wenn es nur ein kleiner ist. Ich kenne die Geschichte eines Studenten, der darauf fokussierte, wie einsam er sei und welche Schwierigkeiten er habe, Leute kennenzulernen. Er fragte seinen Körper, was ein positiver Schritt nach vorn sein könnte, und bekam zur Antwort: «Es ist zu gefährlich, auf eine der Partys in der Uni zu gehen, aber ich könnte ja mal anrufen, wann sie stattfinden.» Also tat er das. In der Woche darauf fokussierte er wieder, und da sagte sein Körper: «Es ist zu gefährlich, wirklich in diesen Saal zu gehen, aber ich könnte mich ja mal an die Tür stellen und den Kopf reinstrecken.» Also tat er das. In der folgenden Woche traute er sich einen Song lang hinein, dann noch einen, und so weiter. Am Ende des Semesters lernte er jede Menge Leute kennen und amüsierte sich prächtig.

«Wenn ich fokussiere, geht es mir gleich schlecht»

Ihr innerer Kritiker ist die fiese Stimme, die Sie mit heimtückischen Vorwürfen demütigt: «Du taugst doch sowieso zu nichts!» «Sicher versagst du hier auch wieder, wie immer!» «Die anderen werden dich nie mögen, wenn du immer so egoistisch bist!» «So was Blödes, wie du dich fühlst!» «Du kannst dich einfach nicht ausdrücken!» und so weiter und so fort. Überlegen Sie mal einen Augenblick, wie sich Ihr innerer Kritiker anhört und anfühlt. Sie haben bestimmt einen; wir haben alle einen.

Einer «Kritikerattacke» ausgesetzt zu sein ist unter Umständen sehr schlimm. Ihr ganzer Körper kann sich anfühlen wie krankenhausreif geprügelt, wenn die Vorwürfe dieser gnadenlosen Stimme auf Sie herunterhageln. Ein großer Teil von Ihnen glaubt ihr nämlich – glaubt, Sie würden wirklich zu nichts taugen und machten tatsächlich alles falsch. Um sich darunter hervorzurappeln, müssen Sie zunächst erkennen, was passiert. Probieren Sie es mit: «Aha. Das ist mein Kritiker.» Versuchen Sie, Ihren inneren Kritiker zu begrüßen.

Wenn Sie Ihren inneren Kritiker dann als Teil von Ihnen erkannt haben und nicht mehr für die Stimme der Wahrheit halten, würden Sie ihn womöglich am liebsten in die Wüste schikken. Und vielleicht gelingt es Ihnen auch, ihn für den Augenblick wegzuschieben. Doch die Erleichterung darüber wird nicht anhalten, weil Sie nicht wirklich etwas gelöst haben.

Stellen Sie sich den Kritiker als nicht geheilten, «unerlösten» Teil von Ihnen vor, dem Liebe und Anerkennung vorenthalten sind. Er sagt solche gemeinen Sachen, weil er so lange nicht geliebt worden ist. Er muß in Ihr Leben integriert und mit einbezogen werden, nicht noch weiter ausgestoßen. Aber was da integriert werden muß, ist das, was unter der kritischen Stimme liegt, und das sind keine Vorwürfe, sondern Gefühle.

Der Kritiker hat immer Angst vor irgend etwas. Wenn Sie ihn begrüßt haben, fragen Sie ihn doch einmal sanft und einfühlsam: «Gibt es da etwas, wovor du Angst hast?» Wenn er seine Ängste zum Ausdruck bringt, hören Sie sie einfach an. Versuchen Sie nicht zu antworten, außer mit einem: «Aha. Ich höre dich.» Dann fragen Sie: «Und was willst du?» Dadurch kommen Sie an das Gute, das der Kritiker Ihnen zu bieten hat, und erlösen sich von seinen Attacken. (Siehe auch den Abschnitt «Die Beziehung zum inneren Kritiker verbessern» im siebten Kapitel.)

«Was ist, wenn ich mir das alles nur einbilde?»

Der Zweifler ist die Stimme, die Ihnen während des Fokussierens weismachen will, Ihr Erleben sei nicht echt, Sie würden sich alles nur einbilden, oder es würde nichts passieren. Kommt Ihnen das bekannt vor? Die meisten Menschen geraten beim Focusing irgendwann an diese bohrende Stimme, und wer in seinem Leben besonders auf die Logik setzt, hört sie womöglich auch öfter. Die

Focusing-Trainerin Barbara McGavin nennt den Zweifler «den Teil von uns, der sicherstellen will, daß unser ganzes Erleben echt ist».

Die Echtheit des eigenen Erlebens garantieren zu wollen ist ein hehres Ziel. Dummerweise bringt der Zweifler dieses Thema nicht in besonders hilfreicher Weise auf den Tisch, sondern er zweifelt einfach alles an, was im entferntesten angezweifelt werden kann: «Es könnte doch sein, daß ich mir das alles nur einbilde. Woher weiß ich denn, daß das nicht so ist?»

Der Zweifler kann die Zweifel, die er aufwirft, nicht beseitigen. Er hat nicht das Handwerkszeug dazu. Er weiß nicht, wie man bestätigt, daß das Erlebte wirklich ist; er zweifelt nur. Focusing verfügt dagegen sehr wohl über einen Weg, Ihr Erleben dinghaft zu machen: in den Körper hineinspüren und nachprüfen.

Wenn der Zweifler zu Beginn einer Sitzung ankommt und bezweifelt, ob Sie einen echten Felt Sense haben, sagen Sie sich versuchsweise: «Alles ist etwas.» Analysieren Sie nicht herum, ob Sie einen «echten» oder den «richtigen» Felt Sense haben. Leisten Sie dem, was da ist und was Sie wahrnehmen, Gesellschaft und folgen Sie ihm. Dann kommen Sie schon weiter, da können Sie mir vertrauen!

Der Zweifler kann auch mitten in der Sitzung kommen und anzweifeln, ob das, was Ihnen einfällt, «wirklich» vom Felt Sense kommt oder eher aus Ihrem Kopf oder Ihrer Phantasie. Wieder müssen Sie nur überprüfen, ob Ihr Körper zu Ihrer Idee signalisiert: «Stimmt.» Denken Sie daran: Es kommt nicht darauf an, woher etwas kommt, es kommt nur darauf an, ob es sich richtig anfühlt.

Der Zweifler kann sogar am Ende einer Focusing-Sitzung auftauchen. In einem meiner Kurse hatte eine junge Frau einmal eine ganz bemerkenswerte Sitzung mit einem Shift nach dem anderen. Zum Schluß machte sie die Augen auf und sagte: «Schade, daß das bei mir nicht klappt.» Und alle starrten sie entgeistert an. Das war der Zweifler, wie er im Buche steht. Wenn Sie ihn lassen, dann vermiest er Ihnen mit Begeisterung alles, was Ihnen das Focusing gebracht hat. Denken Sie also daran: Der Zweifler sagt nicht die Wahrheit, sondern zweifelt einfach alles an, was angezweifelt werden kann. Wenden Sie sich wieder Ihrem Körper zu, denn der weiß, was für Sie stimmt.

«Wenn ich dem Felt Sense Fragen stelle, antwortet mein Kopf»

Es kann vorkommen, daß Ihr Kopf (also Ihr logisches Denkvermögen) antwortet, wenn Sie dem Felt Sense in Ihrem Körper eine Frage stellen. Antworten aus dem Verstand kommen meistens schnell und sind gewöhnlich das, was Sie schon wußten – nichts Neues oder Überraschendes.

Wenn Sie eine schnelle Antwort auf eine im Körper gestellte Frage bekommen, dann bedanken Sie sich bei Ihrem Verstand für die Hilfe, bitten Sie ihn, ein bißchen zu warten, und dann stellen Sie sich die Frage noch einmal im Körper.

Wenn Ihnen dagegen ein Gedanke in den Sinn kommt, nachdem Sie dem Felt Sense schon eine Weile Gesellschaft geleistet haben, dann überprüfen Sie an Ihrem Körperempfinden, ob der Gedanke paßt. Vielleicht wollte die Antwort diesmal ja einfach auf diesem Weg zu Ihnen kommen. Bevor Sie in Ihrem Körper nachgesehen haben, brauchen Sie nicht zu wissen, ob Ihnen die richtigen Worte eingefallen sind, genau dafür ist ja das Überprüfen im Körper da. Mehr dazu steht auch im vorherigen Abschnitt über den inneren Zweifler.

«Ich werde ungeduldig mit meinem Focusing-Prozeß»

Ungeduld kann dazu führen, daß man den inneren Prozeß hetzt – und das blockiert das Focusing. Achten Sie also immer darauf, ob Sie sich Ihrem Felt Sense irgendwie ungeduldig, ärgerlich oder in Eile nähern. Wenn das der Fall ist, nehmen Sie es innerlich zur Kenntnis. Schauen Sie, ob Sie sowohl das Gefühl als auch die Ungeduld deswegen zugleich im Körper spüren können – an verschiedenen Stellen. Wenn nötig, können Sie auch auf die Ungeduld selber fokussieren. Eine meiner Schülerinnen stieß dabei auf eine Erinnerung an ihren Vater, wie er schimpfte: «Wenn du mir nicht sagst, wieso du heulst, geb ich dir gleich einen richtigen Grund zum Heulen!» Sie hatte das verinnerlicht, und jetzt näherte sie sich jedem Felt Sense mit der Einstellung: «Sag mir sofort, was du meinst, sonst setzt's was!» Eine solche Haltung erschwert das Focusing natürlich. Nach dieser Erkenntnis legte sich jedoch ihre Ungeduld, und meine Schülerin konnte ihren Felt Senses mehr Zeit zugestehen, noch verschleiert und vage zu sein.

«Ich habe Angst, daß ich vielleicht etwas ganz Schlimmes herausfinde»

Gegen die Angst, man könnte in seinem Körper womöglich auf etwas Unheimliches oder ganz Schlimmes stoßen, gibt es einen speziellen Schritt, der besonders gut wirkt. Sich einzureden, Sie brauchten keine Angst zu haben, wird vermutlich wenig helfen. Statt dessen können Sie sich einfach Ihrer Angst zuwenden und darauf fokussieren. Lenken Sie Ihre Aufmerksamkeit sanft und einfühlsam auf den Teil von Ihnen, der Angst hat, leisten Sie ihm Gesellschaft und bitten Sie ihn, Ihnen mehr darüber zu erzählen, wie es ihm geht.

Zwei mögliche Hindernisse können hier auftauchen: Sie glauben, Sie müßten mit dem Focusing aufhören, weil Angst da ist, oder Sie glauben, Sie müßten sich an der Angst vorbeidrängeln, um weiterzukommen. Dabei verpassen Sie nichts, wenn Sie bei Ihrer Angst verweilen, sondern fokussieren genau dort, wo Ihr Körper Sie braucht.

Stellen Sie sich vor, Sie stehen mit einem Kind vor einer verschlossenen Tür. Sie wollen die Tür aufmachen und hineingehen, aber die Kleine hat Angst. Sie möchten sie nicht zwingen, und Sie müssen auch nicht auf Ihr Vorhaben verzichten. Knien Sie sich einfach neben die Kleine, nehmen Sie sie in den Arm und sagen Sie: «Erzähl mir doch, was dir so angst macht, mein Schatz.» Genauso sollte man mit Angst umgehen.

«Was ist, wenn ich zwei *Felt Senses* auf einmal bekomme?»

Es kann durchaus sein, daß Sie zwei (oder sogar mehr) Felt Senses auf einmal bekommen, meist an unterschiedlichen Stellen in Ihrem Körper. Dann ist es wesentlich, beide anzuerkennen und beiden Raum zu geben, denn beide sind wichtig.

Zunächst begrüßen Sie beide.

Als nächstes stellen Sie in Ihrem Körper die Frage: «Fühlt es sich richtig an, eine Weile bei beiden zu bleiben, oder ruft mich einer davon gerade dringender?» Auch wenn eines der Körpergefühle zuerst Ihre Aufmerksamkeit verlangt, werden Sie im Endeffekt vermutlich auch beim anderen verweilen, und es ist gut, das innerlich anzuerkennen.

«Ich verliere die Konzentration; es fällt mir schwer, bei meinem Focusing-Prozeß zu bleiben»

Beim Focusing die Konzentration zu verlieren ist eine der häufigsten Schwierigkeiten, von denen ich höre. Ihre Gedanken schweifen ab, Sie sind «wie auf Trip», Sie vergessen, wobei Sie gerade waren, Sie träumen, Sie denken plötzlich an morgen – dann ertappen Sie sich, und Ihr innerer Kritiker tritt auf den Plan: «Ein hoffnungsloser Fall! Ich lern das nie, mit diesem Focusing! Kann ich genausogut gleich aufgeben.»

Ich zeige Ihnen ein paar Techniken, wie Sie Ihre Konzentration beim Focusing aufrechterhalten können. Bei den meisten werden Sie in irgendeiner Form körperlich aktiv. Die klassische Focusing-Haltung ähnelt ja der bei der Meditation: Sie sitzen aufrecht, haben die Augen geschlossen und die Aufmerksamkeit schweigend nach innen gerichtet. Focusing kann man aber auch aktiver betreiben – vielleicht fällt Ihnen eine dieser Varianten sogar leichter als die «klassische» Art.

Laut sprechen

Sie können beim Focusing zum Beispiel laut sprechen. Dann hören Sie sich durch einen zusätzlichen Kanal, nämlich Ihre Ohren, und haben es leichter, das Gesagte im Körper zu überprüfen. Allein der Akt, daß Sie Ihr Erleben in Worte fassen, die Sie wirklich sprechen, wird Ihnen helfen, die Konzentration zu halten. Wenn Sie schon einmal eine größere Anzahl von Dingen abzählen mußten, haben Sie vielleicht festgestellt, daß man sich besser merken kann, wo man ist, wenn man laut mitzählt. Hier ist das Prinzip das gleiche. Sagen Sie so etwas wie: «Ich spüre gerade so was Belegtes in der Brust.» Und dann nehmen Sie wahr, ob sich das Gesagte richtig anfühlt, indem Sie zwischen Ihren Worten und dem Körpergefühl hin- und herpendeln, und machen von dort aus weiter.

Sie können auch auf einen Kassettenrecorder sprechen. Dann

reden Sie immerhin «mit» einem Gerät, ganz gleich, ob Sie das Band je wieder abspielen oder nicht. Und wenn Sie es abspielen, achten Sie am besten darauf, wie sich das Gehörte in Ihrem Körper anfühlt.

Schreiben

Focusing läßt sich gut mit einer anderen nützlichen Selbsterforschungsmethode kombinieren: dem Tagebuchschreiben. Wenn Sie das anspricht, legen Sie sich beim Fokussieren immer ein Blatt Papier oder ein Focusing-Tagebuch griffbereit. Notieren Sie sich Schlüsselwörter oder -sätze wie die Beschreibung des Felt Sense, die Fragen, die Sie stellen, oder was Ihnen sonst wichtig erscheint. Wenn Sie unkonzentriert werden, machen Sie einfach die Augen auf und lesen Sie, was Sie zuletzt geschrieben haben.

Eine fortlaufende Aufzeichnung Ihrer Focusing-Sitzungen kann Ihnen helfen, Ihre Fortschritte zu sehen und Schlüsselerkenntnisse zu behalten. Auch wenn Sie während der Sitzungen nichts notieren, möchten Sie vielleicht nachher etwas festhalten, um Ihre innere Arbeit zu dokumentieren.

Manche Menschen fokussieren sogar gern direkt am Computer oder am Schreibtisch, indem sie während der ganzen Sitzung kontinuierlich mitschreiben. Das liest sich dann zum Beispiel so: «Wie steht's denn gerade in meinem Körper? Ich hab einen harten Tag hinter mir, und in meiner Brust fühlt es sich ziemlich verkrampft deswegen an. Schaun wir mal, ist das verkrampft? Nö, da ist eher so ein Druck. Da fällt mir alles mögliche ein, was mir in der Arbeit Druck macht. Dieser Bericht zum Beispiel, der ist längst überfällig, aber ich kann mich einfach nicht dazu aufraffen, ich find ihn nicht so wichtig. Hat der Druck in meiner Brust damit zu tun? Nö, das paßt nicht, muß was anderes sein...»

Malen oder Zeichnen
Besonders, wenn Ihre Felt Senses oft als Bilder auftauchen, zeichnen Sie doch einmal auf, was Sie in Ihrem Körper sehen und spüren. Nehmen Sie dazu, was Ihnen gerade sympathisch ist: Wasserfarben, Wachsmalkreiden, Pastellfarben, Bleistift oder Kugelschreiber etc. Vielleicht möchten Sie eine innerlich gespürte Form sogar in Ton modellieren.

Vergleichen Sie beim Zeichnen die Zeichnung mit dem Gefühl und achten Sie darauf, ob sie sich stimmig anfühlt. Und wenn nötig, dann verändern Sie sie ruhig, bis sie zum Gefühl paßt. Manche Focuser zeichnen sich auch nachträglich Bilder oder Symbole, die in der Sitzung wichtig waren, in einem Focusing-Tagebuch auf.

Spazierengehen
Sie müssen zum Fokussieren keineswegs stillsitzen. Sie können spazierengehen, abspülen oder sonst eine Routineaufgabe erledigen, die nicht besonders viel Aufmerksamkeit beansprucht. Ich mag diese Art Focusing zum Beispiel sehr. Wenn ich die Konzentration verliere, dann nehme ich dem inneren Kritiker schnell den Wind aus den Segeln, weil ich ja «eigentlich» sowieso nicht fokussiere. Ich gehe ja bloß spazieren, und jedes Focusing dabei ist ein Extra! Ich kann stehenbleiben und eine Blume bewundern oder an einer Kreuzung nach rechts und links sehen und mich dann wieder dem Felt Sense zuwenden, dem ich gerade Gesellschaft leiste. Ich finde immer, daß körperliche Bewegung frischen Wind und eine größere Tiefe in meinen Focusing-Prozeß bringt.

Die bei weitem beste Methode zur Aufrechterhaltung der Konzentration ist das partnerschaftliche Focusing, also Focusing mit einem Freund oder einer Freundin – und darum geht es im nächsten Kapitel.

9 Focusing mit Freunden

Inzwischen sind Sie bald soweit, daß Sie Focusing immer dann anwenden, wenn Sie es benötigen. Sie können das ganz ohne fremde Hilfe. Wie so vieles im Leben macht Focusing zu zweit aber mehr Spaß und ist oft auch produktiver. In den abschließenden Kapiteln dieses Buches geht es darum, wie man mit einem anderen Menschen zusammen fokussiert. Im vorliegenden Kapitel lernen Sie, wie man mit einer Freundin oder einem Freund fokussiert, im nächsten Kapitel zeige ich Ihnen, wie man Focusing als Psychotherapeutin oder als Psychotherapeut in seine Praxis integriert, und im letzten Kapitel, wie man Focusing als Klientin oder Klient in die eigene Therapie mit einbezieht. Um das ständige Ansprechen von Frauen und Männern, Freundinnen und Freunden zu umgehen, wechsle ich im folgenden abschnittsweise zwischen weiblichen und männlichen Formen ab.

Focusing-Partnerschaften

Wenn Sie mit einer Freundin abmachen, gemeinsam zu fokussieren, bilden Sie damit eine Focusing-Partnerschaft, also eine gleichberechtigte Beziehung des Gebens und Nehmens. Das ist nicht dasselbe wie eine Therapie, wo einer das Geld, der andere dafür die Aufmerksamkeit bekommt. In einer Focusing-Partnerschaft teilen Sie sich die Zeit gleichmäßig auf und wechseln sich in zwei Rollen ab.

Diese beiden Rollen sind die Fokussierende oder «Focuserin» und die «Begleiterin». Wenn Sie sich im Rahmen Ihrer Focusing-

Partnerschaft treffen, ist zunächst eine die Begleiterin, die andere die Focuserin, und in der zweiten Hälfte Ihrer zur Verfügung stehenden Focusing-Zeit tauschen Sie dann die Rollen.

Der hauptsächliche Unterschied zum Focusing ohne Begleiterin wird darin bestehen, daß Sie als Fokussierende wenigstens einiges von dem, was Sie spüren, und einige der Schritte, die Sie durchlaufen, Ihrer Partnerin beschreiben. Wahrscheinlich werden Sie finden, daß das Aussprechen Ihnen hilft, sich aufs Focusing zu konzentrieren und nicht abzudriften. Sollten Sie jedoch einmal das Gefühl haben, etwas laut zu sagen würde Ihren Focusing-Prozeß unterbrechen statt vorwärtsbringen, dann schweigen Sie lieber. Sie sind Ihrem Focusing-Prozeß gegenüber verantwortlich, nicht dafür, daß Ihre Begleiterin unterhalten wird. Und jetzt kommen wir zunächst zu dem, was die Begleiterin tut.

Dasein

Als Begleiter haben Sie zunächst die Aufgabe, dazusein – als der Mensch, der Sie sind. Setzen Sie sich bequem Ihrem Freund gegenüber und lassen erst einmal alle Absichten beiseite. Sie wollen weder erreichen, daß Ihr Freund sich ändert, noch, daß er eine «gute» Sitzung hat. Sie haben nur die Aufgabe, dazusein, ein Gegenüber zu bieten.

Es ist sinnvoll, daß Sie sich auch als Begleiter ein bißchen Zeit nehmen, um mit der Aufmerksamkeit in Ihren Körper zu gehen. Spüren Sie, an welchen Stellen Ihr Körper den Stuhl berührt, nehmen Sie Ihren Hals-, Brust- und Bauchraum innerlich wahr. Wenn Felt Senses auftauchen, begrüßen Sie sie und geben Sie ihnen Bescheid, daß sie später drankommen.

Und nun lenken Sie Ihre Aufmerksamkeit auf Ihren Freund, den Focuser. Gleich wird er anfangen zu sprechen, und dann werden Sie ihm «zurücksagen», was Sie hören. Heißen Sie ihn in

Ihrem Inneren willkommen und machen Sie Platz für das Kleinod, das dieser Mensch ist. Stellen Sie sich vor, Ihr Bewußtsein sei ein stiller See, der darauf wartet, alles zu spiegeln, was in dem Prozeß Ihres Freundes Wirklichkeit wird.

Sie sind nicht die Expertin!

Was man beim Begleiten am leichtesten vergißt, ist das Allerwichtigste: Man ist nicht die Expertin. Sie sind nicht die «Heilerin», und Sie bringen nicht das Leben Ihrer Freundin in Ordnung.

Wenn Sie so sind wie die meisten Menschen, dann ist das vermutlich ein ziemlich neues Gefühl. Wir sind so gewohnt, uns die Probleme unserer Freunde anzuhören und dann gute Ratschläge zu geben. Wir sollen doch «helfen». Wir haben das Gefühl, wir sollten Anteil nehmen und ein Stück der Bürde unserer Freundin auf die eigenen Schultern laden.

Und das Helfen hat natürlich seinen Platz. Wenn mir meine Freundin von ihren Schwierigkeiten, eine gute Zahnärztin zu finden, erzählt und ich zufällig eine ausgezeichnete kenne, dann werde ich ihr das kaum verschweigen.

Wenn man einen anderen Menschen beim Focusing begleitet, führt aber die Einstellung, für ihn irgend etwas «in Ordnung bringen» zu wollen, überhaupt nicht weiter. Damit stehen Sie nur dem Prozeß im Weg, und noch dazu reiben Sie sich selber auf. Es ist viel entspannender und tatsächlich auch viel hilfreicher, sich zurückzulehnen und daran zu denken, daß die Focuserin selbst für die Sitzung – und für ihr Leben – verantwortlich ist. Sie sind die Begleiterin. Ihre Aufgabe ist, dazusein.

Angewandtes Zuhören

Als Focusing-Begleiter ist Ihre erste Aufgabe, dazusein. Ihre zweite Aufgabe ist, zuzuhören.

Anfangs finden Sie das Zuhören vielleicht schwierig und vor allem ungewohnt. Wer hört schon einfach «nur» zu, ohne dabei selber zu denken, zu analysieren, zu werten oder an einer Antwort zu basteln? Vielleicht entdecken Sie, daß Sie als Zuhörer aus der Übung sind. Falls das so ist, werden Sie sehr wahrscheinlich feststellen, daß Ihnen das Zuhören richtig guttut. Unter anderem befreit es Ihren Verstand nämlich von allem möglichen Krempel, mit dem er vollgestopft ist!

Hoffentlich kann ich Sie aber davon überzeugen, daß Zuhören auch ganz leicht ist. Es ist einfach, läßt einen zur Ruhe kommen und intensiv in der Gegenwart verweilen. Einem anderen Menschen beim Focusing zuzuhören gehört für mich zum Meditativsten in meinem Leben überhaupt.

«Angewandtes Zuhören» bedeutet, so zuzuhören, daß Ihr Partner es merkt und daß er durch Ihr Zuhören seinen Focusing-Prozeß voranbringen kann. Dafür brauchen Sie lediglich einiges von dem, was Ihr Focusing-Partner sagt, ihm «zurückzusagen» oder zu «spiegeln». Wenn Ihr Partner sagt: «Ich bin traurig», sagen Sie: «Du bist traurig.» Wenn Ihr Partner sagt: «Ich spüre da so eine Enge in meinem Hals», sagen Sie: «Da ist so eine Enge in deinem Hals.» Damit spiegeln Sie die Worte und Gefühle, die Ihr Focusing-Partner gerade dringend hören möchte.

Das erscheint Ihnen anfangs vermutlich ziemlich komisch. Gut möglich, daß Sie sich vorkommen wie ein Papagei. Aber warten Sie nur, bis Sie die Rollen tauschen und Sie mit dem Focusing dran sind. Warten Sie, bis Sie selber merken, wie wunderbar es sich anfühlt, wenn da jemand ist, der Ihnen nur Ihre Worte zurücksagt und sonst nichts, so daß Sie sich den Luxus gönnen dürfen, Ihre Gefühle weiter zu erkunden. Da werden Sie dann spüren, daß ein guter Zuhörer wirklich Gold wert ist.

Die Focuserin hört der Begleiterin zu

Gutes Zuhören hat nichts damit zu tun, daß die Begleiterin eine Expertin sein müßte. Der Schlüssel zum guten Zuhören liegt darin, daß die Fokussierende ihrerseits der Begleiterin zuhört und das Gesagte innerlich auf seine Richtigkeit überprüft. Als Fokussierende haben Sie von Ihrer Begleiterin am meisten, wenn Sie ihre Worte wieder mit in Ihren Körper nehmen, an die Stelle, wo sie ursprünglich herkamen. Wenn Sie eine Enge im Hals spüren und die Begleiterin sagt «eine Enge in deinem Hals» zurück, dann bestätigen Sie das keinesfalls aus Höflichkeit mit einem: «Stimmt. Das habe ich gesagt.» Höflichkeit ist hier völlig fehl am Platz. Überprüfen Sie es wirklich – nehmen Sie das Wort «Enge» mit in Ihren Hals und sehen Sie dort nach, ob es wirklich paßt. Vielleicht tut es das ja. Wunderbar! Dann hilft Ihnen das, bei dem Gefühl zu bleiben und weiter hinzuhorchen, ob noch mehr kommt. Vielleicht stimmt «Enge» aber doch nicht ganz. Vielleicht ist es eher ein «Druck» oder «was Verkrampftes» oder «was Verzweifeltes». Ihre eigenen Worte mit der Stimme der Begleiterin noch einmal zu hören wird Ihnen helfen, näher an das heranzukommen, was für Sie wirklich stimmt.

Worauf man hören soll

Als Begleiter sollen Sie natürlich nicht alles «zurücksagen», was Ihr Partner gesagt hat. Das wäre ziemlich schwierig, vor allem, wenn er sehr viel auf einmal gesagt hat. (Außerdem habe ich zuvor ja betont, daß das Zuhören keine schwere Aufgabe sein muß. Wenn es Ihnen also schwierig vorkommt, schuften Sie vermutlich härter als nötig!)

Wenn Sie nicht alles zurücksagen, müssen Sie entscheiden, worauf Sie hören und was Sie zurücksagen wollen. Hier sind ein paar Tips dazu:

Gefühle und Emotionen
Sagen Sie Ihrem Partner seine Gefühle und Emotionen zurück. Achten Sie sowohl auf Beschreibungen für Körperempfindungen wie «eng», «schwer» oder «flatterig» als auch auf Bezeichnungen für Emotionen wie «ängstlich», «wütend» oder «froh». Solche Wörter können Sie für sich allein zurücksagen oder, noch besser, in kurze Sätze wie «Du hast Angst» oder: «An der Stelle fühlt es sich eng an» verpacken.

Focuser: Ich habe Angst, daß ich dieses Projekt nicht rechtzeitig fertig kriege, und davon hängt eine ganze Menge ab.

Begleiter: Du hast gerade Angst.

Gegenwärtiges
Sagen Sie zurück, was Ihr Partner *jetzt gerade* spürt oder fühlt, nicht das, was er gestern oder letzte Woche gespürt hat.

Focuser: Da ist es so verkrampft in meiner Brust, und zwar genau an der Stelle, wo es sich gestern so entspannt angefühlt hat.

Begleiter: In deiner Brust ist es verkrampft.

Das zuletzt Gesagte
Wenn Ihr Partner sehr viel sagt, bevor er Ihnen mit einer Pause die Gelegenheit zum Zurücksagen gibt, werden Sie nicht nervös und versuchen Sie nicht krampfhaft, sich alles zu merken. Fast immer ist es am hilfreichsten, wenn Sie ihm nur das zuletzt Gesagte spiegeln.

Focuser: Ich weiß echt nicht, woher dieses schwere Gefühl in meinem Herzen kommt. Es erinnert mich daran, wie ich mich mal eine ganze Zeit lang im College gefühlt habe. Da hatte ich mich gerade von meinem ersten Freund getrennt und war überzeugt, daß ich mein Leben lang allein bleibe. Ach! Jetzt weiß ich! Es hat damit zu tun, daß Paula wegzieht. Irgendwas in mir glaubt, daß ich nie wieder so eine enge Freundin wie Paula finden werde.

Begleiter: Irgendwas in dir glaubt, daß du nie wieder so eine enge Freundin wie Paula finden wirst.

Alles, was Sie zweimal hören
Wenn der Focuser etwas wiederholt, ist das ein Signal für Sie, daß er das wirklich gern von Ihnen gespiegelt haben möchte. Sagen Sie also alles zurück, was Sie zweimal hören, auch wenn es sich dabei nicht um Gefühle, etwas Gegenwärtiges oder das zuletzt Gesagte handelt.

Focuser: Ich habe Angst, daß ich dieses Projekt nicht rechtzeitig fertig kriege, und davon hängt eine ganze Menge ab.

Begleiter: Du hast Angst.

Focuser: Weil so viel davon abhängt.

Begleiter: Weil so viel davon abhängt!

Fortgeschrittenes Zuhören

Bei dem, was ich «fortgeschrittenes Zuhören» nenne, dürfen Sie die Worte Ihrer Focusing-Partnerin leicht abändern oder ergänzen, damit sie in der akzeptierenden Focusing-Haltung bleiben oder wieder dorthin zurückfinden kann.

«Ein Teil von dir fühlt sich...»
Immer wenn Ihre Partnerin sagt: «Ich bin...» oder «Ich fühle mich...», dann dürfen Sie ihr «Ein Teil von dir...» oder «Ein Teil von dir fühlt sich...» zurücksagen. Das ist ein einfacher, aber unglaublich wirkungsvoller Schritt: Ihre Partnerin kann unmittelbar erleben, daß sie und ihre Gefühle nicht dasselbe sind, so daß sie nicht so leicht von ihnen überwältigt wird.

Focuserin: Ich bin sehr traurig, weil ich schon so oft in meinem Leben Abschied nehmen mußte.

Begleiterin: Ein Teil von dir ist traurig, weil du schon so oft in deinem Leben Abschied nehmen mußtest.

und:

Focuserin: Ich werde ganz konfus, wenn immer zehntausend Sachen um mich herum auf einmal passieren.

Begleiterin: Ein Teil von dir wird ganz konfus, wenn zehntausend Sachen um dich herum auf einmal passieren.

Irgendwas

Das Wort «irgendwas» ist sowohl für die Begleiterin als auch für die Focuserin Gold wert. Der Begleiterin ermöglicht es, einer Körperwahrnehmung Gesellschaft zu leisten, die noch nicht beschrieben werden kann. Und der Focuserin hilft es, ihre Aufmerksamkeit auf das zu lenken, was sie sehr wohl spürt, statt sich auf das zu konzentrieren, was sie nicht weiß.

Focuserin: Ich weiß nicht, wie ich dieses Gefühl in meinem Hals nennen soll.

Begleiterin: Du spürst da irgendwas im Hals.

Denken Sie daran: «Ich weiß nicht» spielt sich im Kopf ab, «Ich spüre irgendwas» dagegen im Körper. Sobald Sie von Ihrer Focuserin ein «Ich weiß nicht» hören, sollten Sie immer prüfen, ob Sie «Du spürst irgendwas» spiegeln können. Noch ein Beispiel:

Focuserin: Ich weiß nicht, wovor dieser Teil von mir Angst hat.

Begleiterin: Dieser Teil von dir hat vor irgendwas Angst.

Wenn man das «Irgendwas» noch leicht betont, weist man darauf hin, daß es sich auf etwas bezieht, was wirklich erlebt wird, und nicht nur ein Füllsel im Satz ist. Im Grunde laden Sie die Focuserin ein, in dieses «Etwas» hineinzuspüren, das da ist.

Führen

Manchmal benötigt der Focusing-Prozeß Ihres Partners mehr als das bloße Zuhören. Dann können Sie behutsam führen. «Führen» bedeutet, Vorschläge zu machen wie «Vielleicht achtest du mal darauf, wie sich das gerade in deinem Körper anfühlt». Vorschläge können Ihren Partner beim Focusing wirkungsvoll unterstützen. Verlieren Sie dabei aber nicht aus den Augen, daß Sie Ihrem Partner Vorschläge für seinen Focusing-Prozeß machen, nicht für sein Leben!

Und denken Sie daran, daß Sie zwar führen, aber trotzdem nicht der Experte sind, nicht der Heiler, und nicht derjenige, der das Leben seines Freundes in Ordnung bringt. Sie sind immer noch der Begleiter für den Focusing-Prozeß Ihres Partners. Und Ihr Partner kann immer noch als einziger beurteilen, ob etwas hilft oder nicht. Wenn Sie also einen Führungs-Vorschlag machen, dann seien Sie immer darauf gefaßt, daß Ihr Partner sagt: «Eigentlich will ich das jetzt nicht.» Und seien Sie froh, daß er im Kontakt mit dem ist, was er will!

Am leichtesten fällt Ihnen das Führen vermutlich, wenn Sie eine umformulierte Fassung der Focusing-Sätze aus dem vierten und fünften Kapitel in der Hand halten, wobei sich die Vorschläge nun nicht an Sie, sondern an jemand anderen richten. Natürlich werden Sie diese nicht einfach der Reihe nach vorlesen. Sobald Sie den Eindruck haben, daß Ihr Partner jetzt kein Spiegeln, sondern einen Vorschlag braucht, verlassen Sie sich auf Ihre Intuition, um den passenden auszuwählen, und dann verlegen Sie sich wieder eine Weile aufs Zuhören.

SÄTZE ZUM FÜHREN

- «Spür in Ruhe in deinen Körper hinein. Laß dir Zeit dabei.»
- «Vielleicht möchtest du dort drinnen fragen: ‹Was verlangt denn gerade nach meiner Aufmerksamkeit?› oder ‹Wie steht es mit diesem Thema in mir?›»
- «Begrüß das doch mal ganz in Ruhe.»
- «Vielleicht prüfst du nach, wie du das am besten beschreiben könntest.»
- «Schau, ob es sich richtig anfühlt, einfach dabeizubleiben.»

- «Vielleicht leistest du dem mal neugierig und interessiert Gesellschaft.»
- «Spür in Ruhe dorthin, ob du merkst, wie es sich von seinem Standpunkt aus fühlt.»
- «Vielleicht fragst du es mal, ob es irgendeine Gefühlsqualität hat.»
- «Vielleicht fragst du es: ‹Was macht dich so ______________?›» (Setzen Sie die entsprechende Beschreibung oder das entsprechende Gefühl ein.)
- «Vielleicht fragst du es, was es braucht.»
- «Wenn du magst, dann frag deinen Körper, wie es sich anfühlen würde, wenn all das gelöst wäre.»
- «Vielleicht spürst du mal nach, ob es gut ist, bald aufzuhören.»
- «Du könntest dort innen versprechen, daß du wiederkommst.»
- «Nimm dir noch ein bißchen Zeit, um dich bei deinem Körper und den Teilen von dir, die mit dabei waren, zu bedanken.»

«Begrüß das doch mal ganz in Ruhe»

Der mit Abstand hilfreichste Satz beim Führen lautet: «Begrüß das doch mal ganz in Ruhe.» Wenn Sie nur einen einzigen Führungs-Vorschlag in Ihre Partnerschaft einführen, dann nehmen Sie diesen. Sie können auch sagen: «Vielleicht ist es gut, das zu begrüßen» oder «Schau mal, ob es gut ist, das zu begrüßen». «Das» bezieht sich auf einen Felt Sense oder ein wie auch immer geartetes Gefühl.

Focuser: Ich spüre so eine verkrampfte Stelle in meiner Brust, und die hat mit meinem Vortrag morgen zu tun.

Begleiter: Da ist eine verkrampfte Stelle in deiner Brust.

Focuser: Sie hat Angst.

Begleiter: Da ist Angst. Schau doch mal, ob es gut ist, die Angst zu begrüßen.

Das Schöne an diesem Vorschlag ist, daß er sowohl Sie als auch Ihren Partner daran erinnert, daß das Wesentliche am Focusing ist, einfach dazusein. Wenn Sie in Versuchung geraten, das Problem lösen zu wollen oder Ihrem Partner zu helfen, oder wenn Ihr Partner in Versuchung gerät, in seiner inneren Welt Ordnung schaffen zu wollen, dann erinnert Sie das « Schau mal, ob es gut ist, das zu begrüßen », die ganzen Lösungsversuche aufzugeben und mit dem Gefühl in Verbindung zu treten, wie es jetzt gerade ist.

Focuser: Da ist ein ganz großes, nervöses Gefühl wegen meiner Arbeit.

Begleiter: Du spürst ein ganz großes, nervöses Gefühl, und das hat mit deiner Arbeit zu tun.

Focuser: Ich überlege, was ich tun kann, damit es ihm bessergeht.

Begleiter: Schau doch mal, ob es gut ist, das nervöse Gefühl einfach zu begrüßen.

In den Körper zurückkommen

Es passiert leicht, daß man während der Focusing-Sitzung den Kontakt mit der Körperwahrnehmung verliert, und es ist sehr schön, wenn man eine Begleiterin hat, die einen bei Bedarf erinnern kann, mit der Aufmerksamkeit wieder in den Körper zu gehen.

Und wann soll man das tun? Zum Beispiel, wenn Ihre Partnerin sagt, daß sie nicht mehr weiter weiß. (In diesen Beispielen gehen wir davon aus, daß die Focuserin in bezug auf den Focusing-Prozeß nicht mehr weiter weiß. Wenn sie sagen würde, sie weiß in ihrem Leben nicht mehr weiter, würde die Begleiterin anders reagieren.)

Focuserin: Ich weiß nicht mehr, was ich jetzt machen soll.

Begleiterin: Vielleicht spürst du einfach in deinen Körper hinein, wie es dir dort innen geht.

oder:

Focuserin: Ich weiß nicht mehr weiter.

Begleiterin: Vielleicht nimmst du einfach mal wahr, wie es sich in deinem Körper gerade anfühlt.

In drei weiteren Fällen ist es sinnvoll, wenn Sie Ihre Focusing-Partnerin daran erinnern, wieder in ihren Körper hineinzuspüren. Von der Körperwahrnehmung abgelenkt wird man nämlich manchmal durch Gedanken, Bilder und sogar Emotionen.

Gedanken

Focuserin: Ich habe eine richtige Wut im Bauch.

Begleiterin: Du spürst eine Wut.

Focuserin: Aber die ist eigentlich nicht wichtig, denk ich mir; ich hab gar keinen Grund zur Wut.

Begleiterin: Vielleicht schaust du mal, wie sich das in deinem Körper gerade anfühlt.

Bilder

Focuserin: Ich sehe ein fließendes Lichtmuster. Es ist unten und oben breit und in der Mitte schmal. Und überall funkelt es.

Begleiterin: Da ist ein fließendes Lichtmuster, und das funkelt. Vielleicht ist es gut zu spüren, wie sich das alles in deinem Körper anfühlt.

Emotionen

Focuserin: Ich bin heute sehr traurig.

Begleiterin: Schau mal, ob es gut ist zu spüren, wo sich das in deinem Körper so traurig anfühlt.

Das Gefühl zum Gefühl

Wenn der Fokussierende nicht imstande ist, innerlich eine freundlich-akzeptierende Haltung aufrechtzuerhalten, muß er mit seiner Wahrnehmung zu dem Teil von sich gehen, der nicht annehmen kann. Immer wenn er das Gefühl hat, er mag oder akzeptiert nicht, was da ist, dann sollte genau dieses Gefühl seine akzeptierende Aufmerksamkeit bekommen.

Focuser: Ich möchte das von mir wegschieben.

Begleiter: Vielleicht könntest du das Gefühl, daß du das wegschieben willst, einfach begrüßen?

oder:

Focuser: Ich habe so eine Wut auf diese Traurigkeit.

Begleiter: Schau doch mal, ob du der Wut einfach Gesellschaft leisten kannst.

Gute Fragen vorschlagen

Wenn Sie Ihre Focusing-Partnerin bittet, sich eine gute Frage auszudenken, die sie ihrem Felt Sense stellen könnte, dann bloß keine Panik. Jede Anregung, die Sie geben, wird weiterhelfen. Wenn Ihre Frage für Ihre Partnerin momentan gerade nicht paßt, dann hilft ihr wahrscheinlich allein das Hören des Vorschlags zu spüren, welche Frage die richtige wäre.

Denken Sie daran, daß Fragen an den Felt Sense immer erst dann an die Reihe kommen, wenn man ihn beschrieben hat, die Beschreibung im Körper überprüft hat und nachgesehen hat, ob man ihm einfach Gesellschaft leisten soll. Wenn man auf eine innere Frage keine Antwort bekommt, liegt das meistens daran, daß man sie zu früh gestellt hat.

Hier sind drei der hilfreichsten Fragen an den Felt Sense:

- «Vielleicht achtest du mal darauf, ob das irgendeine Gefühlsqualität hat.» (Falls Sie noch kein Gefühlswort gehört haben.)

- «Vielleicht fragst du es mal, was es so ______________ macht.» (Setzen Sie die Gefühlsbezeichnung ein, die die Focuserin schon benutzt hat.)
- «Vielleicht fragst du es mal, was es gerade von dir braucht.»

Benutzen Sie in den Fragen, die Sie vorschlagen, möglichst die Schlüsselwörter der Fokussierenden.

Focuserin: Es ist sehr traurig.

Begleiterin: Vielleicht fragst du es mal, was es so traurig macht.

oder:

Focuserin: Irgend etwas drückt mich hier so.

Begleiterin: Schau mal, ob du es gern fragen würdest: «Was ist dir denn so wichtig, daß du mich so drückst?»

oder:

Focuserin: Ein Teil von mir ist wütend wegen der ganzen Situation bei der Arbeit.

Begleiterin: Schau mal, ob es richtig wäre, diesen Teil zu fragen: «Was an der Situation bei der Arbeit macht dich denn am meisten wütend?»

Beachten Sie, daß die Begleiterin keine Fragen stellt. Die Begleiterin schlägt nur vor, daß die Focuserin ihrem Felt Sense Fragen stellt. Fragen der Begleiterin würden die Focuserin aus der inneren Achtsamkeit herausholen. Vorschläge und alles, was zum Zuhören gehört, hilft ihr dagegen, bei ihrem inneren Prozeß zu bleiben.

10 Focusing für Therapeuten

Wenn Sie dieses Buch als Therapeutin oder Therapeut lesen, haben Sie sich wahrscheinlich schon Gedanken gemacht, wie Sie durch Ihr Wissen um den Focusing-Prozeß Ihre Arbeit mit Klienten bereichern könnten. Um Focusing als zusätzlichen Aspekt in Ihre therapeutische Praxis mit einzubeziehen, müssen Sie keine «Focusing-Therapeuten» werden. Es ist anzunehmen, daß Sie sich bereits eine ganze Reihe unterschiedlicher Methoden und Techniken angeeignet haben und sich bei der Wahl Ihrer Mittel auf die jeweiligen Bedürfnisse Ihrer Klienten einstellen. Ihr Wissen um den Focusing-Prozeß kann Ihr therapeutisches Handwerkszeug weiter ergänzen.

«Einfache» und «schwierige» Klienten

Als Therapeut haben Sie sicher Klienten, auf deren Sitzungen Sie sich richtig freuen. Deren Leben kann noch so vertrackt sein, in ihrer Therapiestunde kommen sie immer zu mehr Klarheit und ein Stück voran. Nach der Sitzung fühlen Sie sich beide wohl und freuen sich über die erreichten Fortschritte.

Dann haben Sie andere Klienten, die scheinbar auf der Stelle treten, sowohl in ihren eigenen Augen als auch in Ihren. Weder in den Therapiesitzungen noch im Leben geht bei ihnen etwas Nennenswertes voran. Wenn solche Klienten Sie fragen, ob in der Therapie nicht mehr passieren müßte, beruhigen Sie sie damit, daß Veränderungen manchmal eben Zeit brauchen und man geduldig sein muß. Aber das sind nicht die Sitzungen, auf die Sie sich freuen. Wenn solche Klienten einen Termin absagen, dann ist ein Teil von Ihnen erleichtert.

Selbstverständlich stimmt es, daß Veränderungen manchmal Zeit brauchen und man geduldig sein muß. Oft kommen allerdings die quälend langsamen Fortschritte dieser Klienten daher, daß sie keinen Zugang zum Ursprung der Weiterentwicklung haben. Sie bleiben entweder im Kopf und analysieren und intellektualisieren, oder sie durchleben immer und immer wieder dieselben Gefühle.

Gedanken und Gefühle können den Persönlichkeitswandel natürlich begleiten, aber sie sind nicht dessen Ursprung. Der Ursprung der Veränderung ist der Körper, wie man ihn im gegenwärtigen Moment spürt. Durch ein paar unaufdringliche Interventionen können Sie Ihren Klienten helfen, mit der Erlebensebene des Felt Sense in ihrem Körper in Berührung zu kommen. Dadurch verwandeln sich vielleicht nicht alle «schwierigen» Klienten automatisch in «einfache», aber Sie und Ihre Klienten werden öfter dieses befriedigende Gefühl haben, daß «irgendwas», wenn auch noch so langsam, vorangeht.

«Und wie war das für Sie?»

Eine Grundvoraussetzung für Focusing ist, daß Ihre Klienten mit ihrer eigenen Sichtweise, ihren Meinungen und Reaktionen auf sie betreffende Ereignisse in Verbindung stehen. Wenn eine Klientin aus einer unbeteiligten Perspektive erzählt, was andere Menschen unternommen und erlebt haben, ohne ihre eigenen Gefühle und Reaktionen zu erwähnen, wird es für sie schwierig werden, aus dieser Haltung heraus einen Focusing-Versuch zu starten. Wenn Sie die Klientin dann bitten, in ihren Körper hineinzuspüren, kann sie vermutlich damit nichts anfangen.

Um eine Brücke zu schlagen, helfen Sie Ihrer Klientin am besten zunächst, sich ihres eigenen Standpunkts bewußt zu werden. Nach einer Geschichte über die Erlebnisse anderer Leute könnten Sie zum Beispiel nachfragen: «Und wie war das für Sie?», «Was hat das in Ihnen ausgelöst?» oder «Wie haben Sie sich denn gefühlt, als das passiert ist?»

Das erfordert unter Umständen Geduld. Wenn Gefühle unbekanntes Terrain sind, dann stellen sie sich ja nicht auf eine bloße Nachfrage hin ein. Auf Ihre Erkundigung, wie das für sie gewesen sei, antwortet Ihre Klientin womöglich: «Na ja, es war eben zu spät. Man konnte nichts mehr machen», ohne zu merken, daß sie ihre eigenen Gefühle immer noch nicht ausdrückt. Dann müssen Sie behutsam nachhaken: «Gut, es war also zu spät. Und Sie haben sich dabei – wie gefühlt?»

Bei Klienten, denen überhaupt nicht vertraut ist, über Gefühle zu sprechen, muß man vielleicht noch anders vorgehen: deren Gefühle müssen Sie möglicherweise raten und ihnen dann genügend Platz lassen, um Ihren Tip zu korrigieren. «Ich stelle mir vor, daß Sie das richtig traurig gemacht hat. Würde ‹traurig› passen?»

«Und wie ist das jetzt im Moment für Sie?»

Fürs Focusing muß der Klient nicht nur in der Lage sein, seine Gefühle wahrzunehmen und auszudrücken, sondern auch, seine *augenblicklichen* Gefühle wahrzunehmen und auszudrücken.

Klient: Ich bin schon die ganze Woche lang so enttäuscht.

Therapeut: Mhm. Enttäuscht.

Klient: Ich sage lieber enttäuscht als deprimiert. Mein Sohn kann mit dem Wort «enttäuscht» viel besser umgehen.

Therapeut: Sind Sie denn auch jetzt gerade enttäuscht oder deprimiert?

In diesem Beispiel drückt der Klient anfangs ein Gefühl aus seiner Perspektive aus, wobei nicht klar ist, ob er es im Augenblick spürt, obwohl das gut möglich ist. Dann erzählt er jedoch von den Reaktionen seines Sohnes auf seine Wortwahl, statt das Gefühl der Enttäuschung aktuell weiter zu verfolgen. Deshalb interveniert der Therapeut, indem er ihn bittet, seine Aufmerksamkeit darauf zu lenken, wie er sich jetzt im Moment fühlt.

Wie die Fähigkeit, vom eigenen Standpunkt aus zu spüren, so kann auch die Fähigkeit, augenblickliche Gefühle wahrzunehmen, auf der Klientenseite einige Übung und auf Ihrer Seite Geduld erfordern.

Den Körper mit einbeziehen

Sobald Ihre Klientin unmittelbar präsente Gefühle erlebt, können Sie sie ganz einfach und natürlich bitten, darauf zu achten, wo und wie sich diese Gefühle in ihrem Körper bemerkbar machen.

Therapeutin: Sind Sie denn jetzt im Moment auch enttäuscht?

Klientin: Ja.

Therapeutin: Und können Sie vielleicht spüren, wo es sich in Ihrem Körper so «enttäuscht» anfühlt?

Klientin: Hm... hauptsächlich in meinem Herzen.

Und dann? Im Abschnitt über das «Führen» im vorherigen Kapitel finden Sie Vorschläge, wie man jemandem helfen kann, bei seinem Felt Sense zu bleiben. Diese Vorschläge werden Sie natürlich auf die jeweilige Situation zuschneiden. Eine Therapeutin erklärte mir zum Beispiel einmal, sie fände es zwar vollkommen akzeptabel, wenn man in einem Focusing-Workshop jemanden auffordert, ein Gefühl zu begrüßen, in einer Therapiesitzung würde das dagegen ziemlich seltsam klingen. (Probieren Sie es statt dessen mit einem: «Vielleicht nehmen Sie das einfach innerlich zur Kenntnis.»)

Im folgenden beschreibe ich eine mögliche Fortsetzung der Sitzung zu dem enttäuschten Gefühl, so daß Sie sehen, wie Sie einige der Focusing-Vorschläge verwenden können.

Therapeutin: Ah ja, Sie spüren das in Ihrem Herzen. Vielleicht sehen Sie mal nach, ob das Wort «enttäuscht» immer noch die beste Beschreibung dafür ist, wie es sich jetzt gerade in Ihrem Herzen anfühlt.

Klientin: (Pause, mit geschlossenen Augen) Jetzt spüre ich, daß es da sehr traurig ist.

Therapeutin: Und nun könnten Sie ausprobieren, ob es gut ist, wenn Sie bei diesem traurigen Gefühl in Ihrem Herzen einfach dabeibleiben.

Klientin: (ein paar Tränen kommen langsam) Ja. Es tut richtig gut, dabeizubleiben.

Therapeutin: (Nach einem respektvollen Schweigen) Vielleicht fragen Sie dieses traurige Gefühl, ob es Ihnen irgendwas sagen will.

Klientin: Es sagt... Das klingt jetzt komisch, aber es sagt, ich soll mal langsamer machen und auf meinen eigenen Herzschlag hören!

Therapeutin: Ach ja!

Klientin: (wieder Tränen) Ich habe so oft auf andere gehört.

Therapeutin: Die traurige Stelle in Ihrem Herzen sagt, Sie sollen mal langsamer machen und auf Ihren eigenen Herzschlag hören.

Klientin: Genau. Bloß... daß es da gar nicht mehr traurig ist.

Therapeutin: Wie fühlt es sich denn jetzt dort an?

Klientin: Irgendwie... so leicht. Hoffnungsvoll. Ja, genau. Da ist Hoffnung.

Zuhören

Sicher ist Ihnen im obigen Auszug aufgefallen, daß die Therapeutin manchmal die Worte der Klientin wiederholt. Zuhören, aktives Zuhören, Gefühle spiegeln oder empathisches Spiegeln wird inzwischen in vielen Ausbildungen im psychosozialen Bereich gelehrt und ist ein wichtiger Aspekt vieler Therapieformen. Wenn es gut gemacht wird, kann es ungeheuer weiterhelfen. Wenn es schlecht gemacht wird, klingt man als Therapeut unter Umständen wie ein Automat, distanziert und dilettantisch. Natürlich empfehle ich hier nur, es gut zu machen!

Wir haben gesehen, daß es beim Focusing darum geht, «bei» etwas zu «bleiben», das man innerlich wahrnimmt. Zu spiegeln, was man gehört hat, kann dem Klienten helfen, bei dem Gefühl oder der Körperempfindung zu verweilen, die in den gespiegelten Worten ausgedrückt werden. Mehr hierzu finden Sie auch im Abschnitt «Angewandtes Zuhören» im vorangegangenen Kapitel. Gegenwärtig wahrnehmbare Gefühle zu spiegeln kann den Klienten unterstützen, bei diesen Gefühlen zu bleiben und sie zu erkunden, statt in Selbstanalyse oder Selbstkritik abzurutschen.

Auf den «Rand» des Erlebens horchen

Im ersten Kapitel habe ich das Forschungsprojekt vorgestellt, das zur Beschreibung von Focusing führte. Man hat beobachtet, daß erfolgreiche Therapieklienten irgendwann im Verlauf einer Sitzung *ihr Sprechtempo verlangsamten*, sich *weniger klar ausdrückten* und begannen, *nach Worten zu suchen*, um etwas zu beschreiben, was sie im Augenblick spürten. Wenn Sie auf solche Momente hören und ihr Erscheinen fördern, können Sie den Wachstumsprozeß Ihrer Klienten auf ausgesprochen effektive Weise unterstützen. Gendlin nennt diese Momente die «Ränder» des Erlebens.

Ihr Klient hat wahrscheinlich noch nicht erkannt, daß diese Momente der Suche nach den passenden Worten für etwas, was er gerade spürt, so wertvoll sind. Womöglich hetzt er daran vorbei, um etwas klarer und besser Erklärbares zu finden. Sie können ihm helfen, diese ergiebigen Quellen innerer Tiefe schätzen zu lernen und dabei zu verweilen.

Stellen Sie sich vor, ein Klient sagt Folgendes: «Ich glaube, ich verdränge da was. Ich spüre so ein... das ist schwer zu beschreiben... irgendwie so eine Wand in mir. Nein, das stimmt nicht ganz. Es ist eher... so ein... ach, ich weiß nicht. Es ist im Moment ganz undeutlich. Ich vermute mal, das ist mein Widerstand.»

Wie könnten Sie auf eine solche Stelle eingehen? Sehen Sie sich die beiden Sätze am Anfang und am Schluß an: «Ich glaube, ich verdränge da was» und «Ich vermute mal, das ist mein Widerstand». Die Ausdrücke «ich glaube» und «ich vermute mal» sind zusammen mit dem populären Psycho-Jargon («Verdrängen» und «Widerstand») Indikatoren, daß diese Sätze direkt aus dem Kopf des Klienten stammen. Die Mitte dieser Sequenz dagegen – «ich spüre so ein... das ist schwer zu beschreiben... irgendwie so eine Wand in mir. Nein, das stimmt nicht ganz. Es ist eher... so ein... ach, ich weiß nicht. Es ist im Moment ganz undeutlich» – deutet auf einen direkten Kontakt zu einem Felt Sense, einem Körpergefühl mit Bedeutung, hin. Wie wir gesehen haben, ist es nicht leicht, bei einem Felt Sense zu bleiben. Man braucht eine gehörige Portion Vertrauen, um so etwas Vages und Undeutliches schätzen zu können. Genau an dieser Stelle kann der Therapeut entscheidend weiterhelfen. Die folgenden Erwiderungen würden allesamt den Focusing-Aspekt im Prozeß dieses Klienten vertiefen: «Eine Art Wand, aber das stimmt nicht ganz», «Sie spüren da etwas Undeutliches», «Es fühlt sich so an, als würde Sie irgendwas bremsen, oder vielleicht von etwas trennen» oder «Vielleicht bleiben Sie mal bei dem Gefühl, das so schwer zu beschreiben ist».

Beachten Sie, daß die ersten drei Rückmeldungen alle eine Form von Zuhören oder Spiegeln sind, die vierte ein sanfter Vorschlag, innerlich bei etwas zu verweilen. Folgende Erwiderung würde dem Klienten das Focusing dagegen nicht erleichtern: «Sie glauben, Sie verdrängen da was.» Eine verstandesmäßige, analytische Bemerkung widerzuspiegeln holt einen Klienten nicht tiefer in den Focusing-Prozeß hinein.

Das Nein einer Klientin zu schätzen wissen

Wenn Sie Äußerungen einer Klientin spiegeln oder sie mit ihren Vorschlägen behutsam führen, seien Sie offen dafür, daß Ihre Angebote möglicherweise nicht ganz «passen». Wie Focusing uns lehrt, ist es wichtiger, daß die Klientin bei ihrem Prozeß des inneren Erspürens bleibt und an ihrem Felt Sense überprüft, ob etwas stimmt, als daß die Therapeutin recht hat!

Kraft Ihrer Rolle mißt Ihre Klientin Ihren Äußerungen größeres Gewicht bei als etwa den Ratschlägen einer Freundin. Um dieser Tendenz entgegenzuwirken, können Sie hin und wieder anregen, daß die Klientin Ihre Worte genauso wie ihre eigenen mit ihrem tatsächlichen Körpergefühl vergleicht.

Klientin: Ich fühle mich richtig... in der Falle oder so.

Therapeutin: Das klingt, als würden Sie sich ziemlich hilflos fühlen.

Klientin: Kann schon sein.

Therapeutin: Vielleicht sehen Sie einfach in Ihrem Körper nach, ob ‹hilflos› stimmt oder ob ‹in der Falle› besser paßt.

Klientin: Nein, das stimmt beides nicht... Ähm... Es ist eher...

Horchen Sie besonders auf die Stellen, an denen Ihre Klientin Ihnen sagen möchte: «Nein, das stimmt nicht ganz.» Das als Widerstand oder ein Übertragungsphänomen zu interpretieren, wäre sicher nicht richtig. Bei diesem «Nein» geht es nicht um Sie, schon gar nicht auf irgendeine negative Art. Es ist vielmehr ein Zeichen dafür, daß Ihre Klientin mit etwas in Kontakt ist, das über alles hinausgeht, was mit Worten leicht auszudrücken ist, und daß Sie Ihnen genügend vertraut, um in dieses Etwas in Ruhe genauer hineinzuspüren. Wenn Sie das Nein Ihrer Klientin unbefangen akzeptieren können, ermuntern Sie sie zu der feinen Differenzierung ihres Erlebens, die den Focusing-Prozeß voranbringt.

Wenn ein Klient nicht genügend empfindet

Fortschritte in einer Therapie können sich schwierig gestalten, wenn Ihr Klient keinen Kontakt zu seinen Gefühlen hat. Focusing zeigt Wege, wie man das Bewußtsein für Gefühle schärfen kann. Daß Sie es mit einem Menschen zu tun haben, der diese Art von Unterstützung braucht, merken Sie, wenn Sie ein paar der aufgeführten Vorschläge ausprobieren und Ihnen Verständnislosigkeit entgegenschlägt.

Klient: Die haben mich ganz schön auflaufen lassen.
Therapeut: Und was haben Sie dabei empfunden?
Klient: Am liebsten hätte ich die ganze Bande sofort angezeigt.
Therapeut: Und was empfinden Sie jetzt?
Klient: Keine Ahnung.

Hier handelt es sich weniger um Widerstand als darum, daß der Klient mit dem Prozeß des Empfindens als solchem nicht vertraut ist. Dann gehört es zu Ihrer Aufgabe, ihm die Fähigkeit zum Spüren zu vermitteln, indem Sie zum Beispiel Ihren Klienten zu einer Spür-Übung anleiten (siehe die «Einstimmung» weiter hinten in diesem Kapitel). Wenn Sie Ihren Klienten zur Körperwahrnehmung angeleitet haben und er noch «nichts» spürt, können ihm zwei sehr nützliche Techniken auf die Sprünge helfen: «einen Unterschied spüren» und «etwas Positives spüren».

Einen Unterschied spüren

Am einfachsten sind immer Unterschiede zu spüren, denn dazu braucht der Klient nicht zu wissen, was er spürt, sondern nur, daß es sich anders anfühlt als etwas anderes, das er spürt.

Klient: (nachdem er zur «Einstimmung» angeleitet wurde) Also, ich spüre weder im Hals noch in der Brust, noch im Bauch irgendwas.

Therapeut: Gut. Dann nehmen Sie doch mal ganz in Ruhe nur Ihren Hals wahr. Und achten Sie darauf, ob sich das «nichts» in Ihrem Hals anders anfühlt als das in Ihrer Brust.

Klient: Nein, die fühlen sich ungefähr gleich an.

Therapeut: Aha. Und jetzt achten Sie auf Ihre Brust. Und nehmen Sie wahr, ob sich das «nichts» in Ihrer Brust anders anfühlt als das «nichts» in Ihrem Bauch.

Klient: Hm, eigentlich ist mein Bauch ein bißchen angespannt...

Etwas Positives spüren

Wenn wir wahrnehmen sollen, wie wir uns fühlen, ignorieren wir interessanterweise oft positive Gefühle. Besonders im Therapiekontext ist es verständlich, daß ein Klient, der gefragt wird, was er empfindet, nach etwas Unangenehmem oder Negativem sucht. Aber wenn der Prozeß des Empfindens als solcher noch Übung braucht, ist es mindestens genauso wichtig, Gefühle wahrzunehmen, die als angenehm oder positiv erlebt werden.

Klient: (nachdem er zur «Einstimmung» angeleitet wurde) Also, ich spüre da drinnen überhaupt nichts. Jedenfalls ist mir nichts bewußt.

Therapeut: Achten Sie doch mal darauf, ob Sie da drinnen vielleicht etwas Positives spüren, vielleicht fühlt es sich ja offen an, oder entspannt, oder friedlich.

Klient: Hm, in meiner Brust fühlt es sich eigentlich ganz offen an.

Therapeut: Dann bleiben Sie doch mal in Ruhe bei diesem offenen Gefühl in Ihrer Brust.

Klient: Ja, das tut gut... Und jetzt merke ich, daß mein Bauch ein bißchen angespannt ist...

Wenn eine Klientin zu viel empfindet

Starke Emotionen und kathartische Prozesse sind in einem Therapieraum natürlich willkommen, wie das allgegenwärtige Päckchen Tempotaschentücher beweist. Es kann allerdings passieren, daß Ihre Klientin intensive Emotionen auf eine Weise erlebt, die ein Vorwärtskommen blockiert. Manchmal liegt das daran, daß die Klientin vor der Intensität des Gefühls plötzlich Angst bekommt und es abwürgt. Dann wieder hindert gerade die Intensität des Gefühls die Klientin daran, feine Unterschiede zu spüren, genauso wie man bei zu laut aufgedrehter Musik die Melodie nicht mehr in allen Nuancen hört.

Der Schlüssel, den Focusing hier liefert, heißt Disidentifikation. Damit meine ich den Unterschied zwischen «Ich bin traurig» und «Ein Teil von mir ist traurig». Die Disidentifikation ermöglicht der Klientin, das Gefühl genauso stark, aber von einem leicht verschobenen Blickwinkel aus zu erleben. Dadurch wird sie zur Beobachterin des Gefühls, ohne es in seiner Intensität zu dämpfen oder zu leugnen.

Es gibt eine Reihe von Techniken zur Disidentifikation. Auch die Aufforderung an die Klientin, wahrzunehmen, wo im Körper sie eine Empfindung spürt, ist eigentlich eine Disidentifikationstechnik, weil ihre Aufmerksamkeit dann plötzlich lokalisiert wird.

Horchen Sie auf, wenn Sie «Ich bin...», «Ich habe...» oder «Ich fühle mich...» hören, wie in «Ich bin wütend», «Ich habe Angst» oder «Ich fühle mich so schwach», und laden Sie die Klientin ein, es mit «Ein Teil von mir...» zu versuchen.

Klientin: Es überschwemmt mich gleich wieder. Ich habe einfach so schreckliche Angst!

Therapeutin: Können wir sagen, daß ein Teil von Ihnen so schreckliche Angst hat?

Klientin: Ein riesengroßer Teil.

Therapeutin: O ja, ein riesengroßer Teil.

Klientin: Okay. (*holt tief Luft*) Das kann ich sagen. Und zwar hat er Angst, daß…

Beachten Sie, daß die Klientin von dieser «schrecklichen Angst» erst dann mehr erspürt, nachdem sie durch Disidentifikation ansatzweise eine Perspektive dazu bekommen hat. Das ist ganz typisch.

Mehr dazu finden Sie auch im dritten Kapitel in den Abschnitten «Eine Beziehung zu den eigenen Gefühlen finden» und «Seinem Felt Sense ein guter Freund sein».

Der Einstieg in die Sitzung

Einstimmung

Als Einstieg in eine Sitzung kann ein «Einstimmungs-Focusing» sehr sinnvoll sein, besonders wenn der Klient sagt: «Ich habe keine Ahnung, woran ich heute arbeiten will.» Dann können Sie ihm vorschlagen, eine Übung zu machen, bei der man mit einem Thema in Kontakt kommt, und wenn der Klient einverstanden ist, sagen Sie ungefähr folgendes:

«Dann machen Sie es sich in Ruhe auf Ihrem Stuhl bequem, lassen Sie sich Zeit dabei… Und fangen Sie einfach an, Ihren Körper wahrzunehmen… vielleicht spüren Sie zuerst Ihre Hände… und Ihre Füße… spüren Sie, wo Ihr Körper den Stuhl berührt… Und jetzt lassen Sie Ihre Aufmerksamkeit nach innen kommen, vor allem in den Hals, in die Brust und in den Bauchraum. Bleiben Sie mit Ihrer Aufmerksamkeit behutsam dort in Ihrer Körpermitte. Und vielleicht sprechen Sie dort innen eine Art freundlicher Einladung aus, wie etwa: ‹Was ist denn gerade da?› oder ‹Was verlangt denn jetzt nach meiner Aufmerksamkeit?› Und dann warten Sie einfach, und wenn Sie irgend etwas spüren, sagen Sie mir Bescheid, wenn Sie möchten.»

Sprechen Sie langsam und machen Sie Pausen. Ihr Sprechtempo und Ihr Tonfall können es Ihrem Klienten erleichtern, in sich hineinzuspüren. Es ist auch sinnvoll, wenn Sie bei Ihrer Anleitung selbst in Ihrem Körper mitgehen. Während Sie also sagen: «Vielleicht spüren Sie erst einmal Ihre Hände», spüren Sie Ihre eigenen Hände, und dann entsprechend weiter. Das verhilft Ihnen zu einem natürlichen Timing bei Ihrer Anleitung und dazu, Ihr eigenes inneres Erleben in den therapeutischen Prozeß zu integrieren. Mehr dazu finden Sie im Abschnitt «Die Felt Senses des Therapeuten» weiter hinten in diesem Kapitel.

Einen Freiraum schaffen

Wenn ein Klient sagt, er habe diese Woche nichts zu erzählen, können Sie auch einen Focusing-Prozeß namens «Freiraum schaffen» einsetzen. Beim Freiraumschaffen macht man sozusagen in seinem Inneren Inventur.

Beginnen Sie genauso wie oben beim «Einstimmungs-Focusing». Sobald Sie den Klienten eingeladen haben, in seine Körpermitte hineinzuspüren, fragen Sie: «Was läuft denn in Ihrem Leben gerade nicht so gut? Was steht im Weg, daß Sie sich nicht rundum wohl fühlen?»

Während der Klient eine Sache nach der anderen identifiziert, bitten Sie ihn, sie innerlich zur Kenntnis zu nehmen und dann für den Augenblick «abzuladen», wie eine Last, die man trägt. Wenn der Klient nickt oder anderweitig ein Zeichen gibt, daß ein Thema «abgeladen» ist, fragt der Therapeut: «Und was steht noch im Weg, daß Sie sich nicht rundum wohl fühlen?» Wenn der Klient Schwierigkeiten hat, etwas «abzuladen», können auch andere Bilder helfen, etwa: «Stellen Sie sich vor, Sie würden jede einzelne Sache auf einen Tisch oder ein Regal neben sich legen.»

Im Verlauf dieses Prozesses fängt der Klient möglicherweise von sich aus an, mit einem Thema zu arbeiten, was natürlich in Ordnung ist. Wenn er den Prozeß, alles «abzuladen», was hochkommt, jedoch vollständig beendet und dann so etwas sagt wie: «Das ist alles», können Sie ihn ermuntern, sich aus den Themen das auszusuchen, mit dem er arbeiten will. Dazu kann man zum Beispiel sagen: «Stellen Sie sich vor, in Ihrer Körpermitte ist ein Magnet, so daß Sie spüren können, welches Thema Sie gerade am meisten anzieht.»

Mehr dazu finden Sie unter «Ich kann nie auf eine Sache fokussieren; es passiert zuviel auf einmal» im achten Kapitel.

Einen freundlichen Umgang mit sich selbst fördern

Zu den wunderschönen Seiten am Focusing gehört, daß es Ihren Klienten eine freundlichere, annehmendere Beziehung zu sich selbst ermöglicht. Es kann einem in der Seele weh tun, wenn man hört, daß eine Klientin ihr eigenes inneres Erleben ablehnt, um so mehr, wenn man weiß, daß dieser strenge Umgang mit sich selbst den Veränderungsprozeß nur aufhält. «So was Blödes, wie ich mich fühle» oder «Wenn mein Ärger doch verschwinden würde» oder «Ich kann mich einfach nicht ausdrücken».

Der erste Schritt zu einer freundlicheren Haltung ist die Disidentifikation. «Ein Teil von Ihnen findet also blöde, wie Sie sich fühlen» oder «Ein Teil von Ihnen möchte also, daß Ihr Ärger einfach verschwindet» oder «Ein Teil von Ihnen findet also, Sie könnten sich nicht ausdrücken, und das stört ihn». Allein dieser Prozeß wird der Klientin wahrscheinlich schon einen kleinen Erleichterungsschub, einen Shift, bringen.

Danach könnten Sie Ihre Klientin ermuntern, sich an das zuvor abgelehnte Gefühl heranzutasten – sprachlich wieder auf Ihre Situation und Umgebung abgestimmt, etwa folgendermaßen: «Vielleicht probieren Sie aus, ob Sie – bloß mal für jetzt – Ihren Ärger dasein lassen können – mit der Vorstellung im Hinterkopf, daß er tatsächlich verschwindet, sobald Sie sich angehört haben, was er Ihnen sagen will.»

Wenn das Gefühl weiter abgelehnt wird, richten wir unsere Aufmerksamkeit auf die Ablehnung.

Klientin: «Wenn mein Ärger doch bloß verschwinden würde.»

Therapeutin: Ein Teil von Ihnen möchte also, daß Ihr Ärger verschwindet. Vielleicht sehen Sie nach, ob Sie – bloß mal für jetzt – Ihren Ärger einfach dasein lassen können – mit der Vorstellung im Hinterkopf, daß er sich tatsächlich verändert, sobald Sie sich angehört haben, was er Ihnen sagen will.

Klientin: Das geht nicht. Ich will mich nicht ärgern.

Therapeutin: Gut. Dann könnten Sie vielleicht den Teil von Ihnen innerlich zur Kenntnis nehmen, der sich nicht ärgern will, und nachsehen, ob dazu noch mehr kommt.

Klientin: Das ist, wie... wenn die anderen sehen, daß ich mich ärgere, dann können sie mich verletzen...

Manchmal haben Sie vielleicht den Eindruck, eine behutsame und freundliche innere Einstellung würde dem Prozeß guttun, obwohl Sie gar keinen besonders strengen Umgang der Klientin mit sich selbst feststellen. Das ist oft der Fall, wenn etwas in der Klientin hochkommt, das sie als besonders sensibel, verletzlich oder wund empfindet.

Klientin: Ich spüre hier so was *(deutet auf die Brust)*, und das ist ganz schüchtern.

Therapeutin: *(sanft)* Aha. Sie spüren was, und das ist ganz schüchtern.

Klientin: *(Tränen)* Jetzt ist es gerade ganz empfindlich und verletzlich.

Therapeutin: Vielleicht können Sie mit der verletzlichen Stelle ganz sanft und freundlich umgehen, ihr einfach sagen, daß Sie bei ihr sind.

Die innere Beziehung fördern

Der Vorschlag «Vielleicht können Sie ja mit der verletzlichen Stelle ganz sanft und freundlich umgehen, ihr einfach sagen, daß Sie bei ihr sind» ist ein Beispiel für eine sehr wirkungsvolle Arbeit mit Focusing, die ich «die innere Beziehung fördern» nenne.

Diese Arbeit hilft Ihrem Klienten, eine positive, innige Beziehung zu seinem Inneren zu entwickeln. Und Sie fördern diese Beziehung behutsam durch Vorschläge wie: «Vielleicht sagen Sie diesem Teil von Ihnen, daß Sie ihn hören.»

Wer mit der Arbeit mit dem inneren Kind vertraut ist, wird die Ähnlichkeiten sehen. Im Unterschied dazu muß man den Felt Sense beim Focusing allerdings nicht unbedingt als Kind personifizieren. Wenn er sich für den Klienten anfühlt wie ein Kind, ist das willkommen, wenn aber nicht, kann man ihm trotzdem freundlich und annehmend begegnen und ihm zuhören. Vielen fällt diese Vorgehensweise leichter, als zuerst ein inneres Kind zu erleben und sich diesem dann liebevoll zuzuwenden. Sie werden also Klienten begegnen, die zwar Schwierigkeiten haben, mit einem inneren Kind zu arbeiten, denen es aber gar nicht schwerfällt, eine innige Beziehung zu einem schüchternen, traurigen oder verletzlichen Körpergefühl aufzubauen.

Konkrete Handlungsschritte fördern

Der Prozeß des inneren Wahrnehmens ist erst vollständig, wenn er auch zu neuen Verhaltensweisen führt. In den frühen Stadien der Veränderung ist es wichtig, einfach zu spüren, wie es um einen steht. Später wird Ihre Klientin dann bereit sein, ihr neues Bewußtsein in konkrete Handlungsschritte umzusetzen. Wenn sie soweit ist, teilt sie es Ihnen mit.

Klientin: Irgendwie kaue ich immer wieder dieselben Dinge durch, aber ich komme noch nicht richtig vorwärts.

Therapeutin: Das klingt, als hätten Sie das Gefühl, daß es Zeit wird, etwas zu unternehmen. Stimmt das?

Klientin: Ja. Genau.

Therapeutin: Vielleicht möchten Sie mir sagen, was Sie da im Auge haben?

Klientin: Ich würde mich gern öfter meinem Mann gegenüber wirklich öffnen, und zwar nicht nur sporadisch, sondern dauerhaft.

Therapeutin: Ist das ein Vorsatz?

Klientin: Eigentlich schon, ich weiß, daß ich nicht darum herumkomme.

Therapeutin: Dann ist es also ein richtiger Entschluß?

Klientin: Ja.

Therapeutin: Dann spüren Sie doch einmal in aller Ruhe in sich hinein und nehmen wahr, wie sich das in Ihrem Körper anfühlt, wenn Sie sich entschließen, sich Ihrem Mann gegenüber öfter wirklich zu öffnen, und das nicht nur sporadisch, sondern dauerhaft. Und nehmen Sie wahr, wie es sich in Ihrem Körper anfühlt, wenn Sie diesen Entschluß umsetzen.

Klientin: Das fühlt sich gut an. Sehr stabil, vor allem in den Armen.

Therapeutin: Und jetzt kosten Sie einfach dieses gute, stabile Gefühl aus. Und wandern Sie mit Ihrer Phantasie in die kommende Woche und schauen Sie, welche Schritte aus diesem Entschluß und diesem guten Gefühl kommen.

Focusing und Therapie sind nicht vom Leben getrennt. Unser Leben ist ein Wechselspiel von Fühlen und Handeln. Oft müssen unsere Klienten eine Weile mit ihrer neuen Art zu sein und mit den Handlungsschritten, die sich daraus ergeben, leben, bevor sich in ihrem Focusing-Prozeß Neues entwickeln kann. Wie meine Kollegin Helene Brenner sagt: «Manchmal kommen die Antworten erst durch das Handeln. Manche Ergebnisse bringt der Prozeß allein einfach nicht.»

Eine neue Arbeitsweise integrieren

Die hier aufgeführten Vorschläge stimmen womöglich ohnehin mit Ihrer Arbeitsweise überein, sie können aber auch eine gewisse Veränderung in Sprache und Haltung bedeuten. Wenn Sie mit einem Klienten schon lange zu tun haben, können Sie eine neue Arbeitsweise etwa folgendermaßen ankündigen: «Wenn Sie Lust haben, probieren wir heute etwas Neues aus. Mal sehen, wie Sie es finden. In unserer heutigen Sitzung werde ich Sie bitten, mehr darauf zu achten, wie es sich gerade in Ihrem Körper anfühlt. Keine Angst, Sie können dabei nichts falsch machen.»

In den meisten Fällen brauchen Sie jedoch Ihre Änderungen vermutlich nicht extra anzukündigen, da sie in Ihre bisherige Arbeitsweise integriert werden können. Ihr Part in einer Sitzung mit der Achtsamkeit aus dem Focusing wird sich fast genauso anhören wie immer, vielleicht mit ein paar Sätzen zusätzlich. Was sich dramatisch unterscheiden kann, ist der Klientenpart.

Die Felt Senses des Therapeuten

Wenn Sie Focusing in Ihre psychotherapeutische Praxis integrieren, geht es nicht nur um die Felt Senses Ihrer Klienten, sondern auch um Ihre eigenen. Während Ihrer Sitzungen in innerer Achtsamkeit in Ihrem Körper präsent zu sein, kann Ihnen verschiedene Vorteile bieten.

Ihre Intuition wird verfeinert
Wenn Sie in innerer Achtsamkeit Ihrem Klienten zuhören, dann nehmen Sie unter Umständen Gefühle und Bilder wahr, die nicht von Ihrem Verstand her stammen. Es kann sich richtig anfühlen, diese Ihrem Klienten mit der Haltung mitzuteilen, daß sie passen können oder auch nicht; und wenn sie passen, kommt der Prozeß womöglich dadurch ein ganzes Stück voran.

Manchmal nehmen Sie womöglich sogar Felt Senses in Ihrem Körper wahr, die gar nicht die Ihren sind. Das passiert typischerweise, wenn Ihr Klient mit etwas, das er spürt, nicht in Verbindung ist. In solchen Fällen können Sie den Klienten einladen, das Gefühl auch in sich wahrzunehmen, und wenn er das tut, werden Sie fast immer spüren, wie es sich in Ihrem Körper legt und entspannt.

Klient: Sie hat mich vor einem Monat verlassen, und ich spüre wirklich nicht viel.

Therapeut: Ich weiß nicht, ob das für Sie paßt, aber ich empfinde eine Schwere in der Brust.

Klient: Doch, da ist so eine Art Schwere... Ach! Ich habe ja nicht geahnt, wieviel Wut da ist!

Ihre eigenen Themen werden erkannt und zur Kenntnis genommen

Wenn Sie einem Klienten zuhören, bringt das irgendwann auch Ihre eigenen Themen zum Vorschein. Focusing kann Ihnen helfen, Ihre eigenen Gefühle und Reaktionen, die durch die Arbeit des Klienten ausgelöst werden, zu erkennen und innerlich zur Kenntnis zu nehmen. In den meisten Fällen werden Sie diese Reaktionen dann beiseite stellen und für einen späteren Zeitpunkt aufheben, zu dem Sie Ihren eigenen Focusing-Prozeß weiterverfolgen können. Es ist aber auch möglich, daß sich Ihre Beziehung zu Ihrem Klienten und seiner Arbeit verbessert, wenn Sie ihm Ihre persönlichen Reaktionen mitteilen. In beiden Situationen ist es unter Umständen sehr wichtig, daß Sie zunächst Ihre eigenen Gefühle genau wahrnehmen.

Mit Anfang Vierzig stand ich einmal in einem sehr aufwühlenden Entscheidungsprozeß, ob ich ein Kind bekommen sollte oder nicht. Als ich damals die Focusing-Sitzung einer Frau begleitete, die an ihrer Beziehung zu ihrem vierzehnjährigen Sohn arbeitete, kamen mir plötzlich die Tränen. Ich nahm meine Gefühle behutsam und schweigend innerlich zur Kenntnis, und im nächsten Augenblick konnte ich mich schon wieder voll auf meine Focusing-Klientin konzentrieren. Später erkundete ich dann in einer eigenen Focusing-Sitzung die Bedeutung dieser Gefühle und erkannte, daß es um meinen Kummer ging, womöglich nie eine solche Beziehung zu haben.

Ihre Präsenz wird Ihnen leichter gemacht

Das Wesentliche an der therapeutischen Beziehung ist, als Mensch dazusein. Ihr eigener Stil und Ihre Therapieform werden bestimmen, wieviel von Ihrer Anwesenheit Sie Ihrem Klienten gegenüber zum Ausdruck bringen und wie Sie das tun. Aber das Erleben Ihrer Präsenz, Ihres Da-Seins als Mensch, wird jede Therapieform bereichern, die Sie anwenden. In Ihren Körper hineinzuhorchen holt Sie in die Gegenwart, in Ihr wirkliches, lebendiges Ich – und das ist ein Geschenk.

Ihre Klienten können nur so weit wachsen, wie Sie das tun. Focusing – in Ihrer Arbeit mit Klienten und für Ihre Arbeit an sich selbst genutzt – kann Ihnen helfen, ein besserer Therapeut zu werden und sich gleichzeitig als Mensch weiterzuentwickeln.

11 Wenn Sie gerade eine Therapie machen

Nachdem Sie mit Focusing nun vertraut sind, wissen Sie diese Momente in der inneren Arbeit zu schätzen, in denen man *irgendwas* spürt, auch wenn man noch keine Ahnung hat, was es ist. Sie wissen, daß man diese Momente lieber nicht ignorieren und auch nicht möglichst schnell zu etwas Klarerem übergehen sollte, denn sie verweisen ja auf Stellen großen inneren Reichtums, und die zu entdecken ist wie auf eine Goldader zu stoßen. Psychotherapie ist ideal, um Sie bei Ihrer Entdeckungsreise in diese «unscharfen Stellen» hinein zu unterstützen.

Viele Menschen finden, daß ihre Therapie viel mehr «bringt», seit sie Focusing kennen. Und das hängt nicht davon ab, ob die jeweiligen Therapeuten je von Focusing gehört haben und ob die Klienten Focusing in ihren Sitzungen erwähnen oder nicht. Falls Sie gerade in einer Therapie sind oder sich diesen Schritt überlegen – hier sind ein paar Tips, wie Focusing Ihre Therapie effektiver machen kann.

Wie Sie Ihrem Therapeuten Focusing nahebringen können

Manche Vorgänge beim Focusing unterscheiden sich vermutlich von der üblichen Arbeitsweise Ihres Therapeuten. Wenn Sie Focusing in Ihre Therapie mitbringen möchten, könnten Sie Ihrem Therapeuten zum Beispiel erklären, Sie würden gern etwas Neues ausprobieren und wünschten sich seine Unterstützung dabei. Zeigen Sie ihm dieses Buch und schlagen Sie vor, einen Focusing-Prozeß einmal probeweise in einer Sitzung zu machen.

Vielleicht haben Sie auch Lust, die Focusing-Haltung teilweise mit einzubringen, ohne den Begriff Focusing überhaupt zu erwähnen. Hier sind ein paar Vorschläge, worum Sie Ihren Therapeuten im einzelnen bitten können.

Der Einstieg in die Sitzung

Wie fangen Sie normalerweise Ihre Sitzung an? Sagen Sie zuerst etwas oder Ihre Therapeutin? Erzählen Sie, wie es Ihnen gerade geht, was seit Ihrer letzten Sitzung passiert ist, oder sprechen Sie über ein Thema, das Ihre Therapeutin aufbringt?

Um Focusing auf unkomplizierte Art in Ihre Therapie mit einzubeziehen, könnten Sie Ihrer Therapeutin zum Beispiel mitteilen, daß Sie zumindest manchmal zu Beginn der Sitzung die Augen schließen und still in Ihren Körper hineinspüren möchten. Währenddessen bräuchte Ihre Therapeutin überhaupt nichts zu sagen. Vielleicht wünschen Sie sich auch, daß sie Sie grundsätzlich zu Beginn einer Sitzung fragt, ob Sie so einsteigen wollen. Oder Sie bitten sie sogar, Sie zu der im zehnten Kapitel beschriebenen «Einstimmung» anzuleiten.

Eine Klientinnenstimme: «Es ist immer toll, was passiert, wenn ich als Einstieg in die Sitzung in meinen Körper hineinspüre. Oft vergesse ich das allerdings und erzähle erst mal, wie meine Woche gelaufen ist. Deshalb habe ich meine Therapeutin gebeten, mich einfach grundsätzlich zu fragen, ob ich als erstes in meinen Körper hineinspüren will. Ich habe nämlich das Gefühl, daß ich die Sitzung viel effektiver nutze, wenn ich von innen her anfange.»

Das «Schweigen zwischendurch»

Es dauert eine Weile, bis man die Reaktion seines Körpers auf etwas spürt, bis sich ein Felt Sense bildet oder bis man die richtige Beschreibung für ein Gefühl findet. Ihre Therapiesitzungen müssen Raum bieten für Pausen, für ein «Schweigen zwischendurch», damit Sie in sich hineinspüren können.

Sagen Sie Ihrem Therapeuten doch, es könne vorkommen, daß Sie in der Sitzung etwas spüren, das Sie erst nach einer Weile in Worte fassen können, und er möge Sie bitte unterstützen, indem er an solchen Stellen mit Ihnen gemeinsam schweigt.

Unverblümt ausgedrückt, bitten Sie Ihren Therapeuten um die Bereitschaft, ab und zu den Mund zu halten. Wenn er dazu nicht bereit ist, auch nicht versuchsweise, dann hören Sie sich seine Gründe gut an. Vielleicht leuchten sie Ihnen ja ein. Wenn aber nicht, dann denken Sie daran, daß für Ihr eigenes Wachstum nur Sie selbst verantwortlich sind. Sie haben das Recht, sich zu wünschen, was Sie brauchen, und es entweder zu bekommen oder zu verstehen, warum nicht.

Wenn Sie konfus oder im unklaren sind

Wenn man konfus oder im unklaren ist, zeigt das immer an, daß man am besten in den Körper hineinspüren sollte. Durch Ihre Begegnung mit Focusing wissen Sie inzwischen: Gerade dort, wo etwas nicht klar ist, steckt ein großes Potential. Wenn Sie in Ihrem Inneren auf etwas Unklares stoßen, das schwer zu fassen oder schwer zu beschreiben ist, dann sollten Sie genau an dieser Stelle ein bißchen verweilen.

Das vergißt man allerdings leicht: Mitten in der größten Verwirrung spürt man einfach hauptsächlich seine Verwirrung! Hier können Sie Ihre Therapeutin folgendermaßen auf Hilfe einschwören: «Immer, wenn ich konfus oder im unklaren bin, würde ich gern daran denken, in meinen Körper hineinzuspüren. Es wäre schön, wenn Sie mich dann erinnern könnten, daß ich mir Zeit lassen und einfach innerlich ein bißchen bei der Verwirrung bleiben kann.»

Das unbefangene «Nein, das stimmt nicht ganz»

Vermutlich haben Sie schon festgestellt, daß Ihr Therapeut nicht dazu da ist, Ihnen Antworten zu liefern. Er ist vielmehr dazu da, Ihnen einen sicheren Rahmen und einen Halt zu bieten, damit Sie Ihren eigenen inneren Erkundungsprozeß durchführen können. Man rutscht allerdings leicht in die Haltung, seinen Therapeuten als Experten anzusehen, der mehr über einen weiß als man selbst. Schließlich stellt unsere Gesellschaft grundsätzlich das «Expertenmodell» über das «Partnerschaftsmodell», und es braucht schon eine Portion Mut und entsprechendes Bewußtsein, um daran zu denken, daß man für sein Leben in jedem Fall selbst verantwortlich ist.

Im Rahmen einer Therapie gelingt Ihnen das am leichtesten, wenn Sie die Bemerkungen Ihres Therapeuten an dem Gefühl in Ihrem Körper überprüfen und im Zweifelsfall unbefangen erwidern: «Nein, das stimmt nicht», oder «Das stimmt nicht ganz, es ist eher …»

Sie: Ich weiß gar nicht, wieso ich diese Woche so deprimiert bin.

Therapeut: Ich könnte mir vorstellen, daß das mit dem Kummer über Ihre Scheidung zusammenhängt.

Sie: (überprüfen das im Körper) Nein, das stimmt nicht ganz. Es hat zwar mit meiner Scheidung zu tun, aber es ist nicht so sehr Kummer … sondern mehr Angst … Angst, daß ich mich wieder verliere, so wie mir das in dieser Beziehung passiert ist.

Die Arbeit zwischen den Sitzungen fortsetzen

Einer der Nachteile an der Therapie ist, daß sie (meistens) auf eine Stunde in der Woche beschränkt ist, Sie aber zwischendurch Ihr Leben leben müssen. Focusing hilft Ihnen, Ihren Gefühlen immer dann behutsam und freundlich Gesellschaft zu leisten, wenn sie hochkommen, und es ermöglicht Ihnen, «Hausaufgaben» zu machen, indem Sie zwischen den Therapiesitzungen Ihre innere Arbeit fortsetzen.

Heftige Gefühle wie Panik oder Kummer kommen oft spät nachts oder wenn Sie gerade mit anderen Leuten zu tun haben – nicht die beste Zeit, um bei Ihrer Therapeutin anzurufen. Wenn das passiert, dann begrüßen Sie diese Gefühle einfach. Erkennen Sie innerlich an, daß sie sicher aus gutem Grund gerade jetzt so heftig kommen. Legen Sie im Geist freundlich den Arm um sie und sagen Sie sich: «Jawohl, ein Teil von mir fühlt sich so.» Wenn Sie allein sind, nehmen Sie sich kurz Zeit, leisten den Gefühlen Gesellschaft; beschreiben Sie, wie sie sich im Körper anfühlen, und fragen Sie: «Was wollt ihr mir denn gerade unbedingt sagen?» Durch diese Art sanfter, freundlicher Aufmerksamkeit werden überwältigende Gefühle schnell handhabbar.

Falls Sie unter Menschen sind, wenn starke Gefühle hochkommen, dann holen Sie erst einmal tief Luft. Wie oft vergessen wir durchzuatmen! Dann sagen Sie im stillen zu den Gefühlen: «Hallo. Ich weiß, daß ihr da seid.» Dadurch werden sie sich vermutlich schon ein bißchen beruhigen. Je nachdem, wie Sie zu den Menschen stehen, mit denen Sie gerade zusammen sind, können Sie vielleicht auch erzählen, was los ist. «Ich habe gerade einen kleinen Panikanfall bekommen, und jetzt muß ich erst mal durchschnaufen.» Wenn nötig, können Sie sich mit Ihren Gefühlen verabreden: «Ich kann euch jetzt gerade nicht Gesellschaft leisten, aber in einer halben Stunde sitze ich allein im Auto, da kann ich euch zuhören.» Und dann halten Sie Ihre Verabredung auch ein!

Der Heilungsprozeß geht weiter

Focusing kann die positiven Entwicklungen, die Sie im Verlauf Ihrer Therapie erleben, unterstützen und fördern. Ihr Wachstum äußert sich vermutlich ungefähr so:

- Sie nehmen Ihre Gefühle dann wahr, wenn Sie sie haben, statt sich zunächst innerlich taub zu fühlen und sich nach Tagen oder Wochen mit einer verspäteten Reaktion herumzuschlagen.
- Sie können Ihre Meinungen und Ihren Standpunkt besser akzeptieren, statt zu denken, Sie sollten die Welt mit den Augen anderer sehen.
- Sie sind besser in der Lage, gemischte Gefühle zu haben, beispielsweise sich vor neuen Schritten in Ihrem Leben gleichzeitig zu fürchten als auch gespannt darauf zu sein.
- Sie finden eher, daß Sie Liebe, Anerkennung und Respekt verdienen, und Sie sind besser in der Lage, sich selbst all das zuteil werden zu lassen.
- Sie haben eine innere Reserve an Kraft und Flexibilität, so daß Sie mit dem Auf und Ab im Leben umgehen können, ohne darin unterzugehen.
- Sie können über weite Strecken in Ihrem Leben glücklich sein, ohne zu überlegen, wann die nächste Katastrophe hereinbricht.

Zunächst werden Sie diese und andere Fortschritte vermutlich nur in kleinen Portionen und für kurze Zeitspannen erleben. Persönliche Weiterentwicklung folgt oft dem Muster «zwei Schritte vor, einen zurück». Während man gerade wieder zurückrutscht, zweifelt man leicht daran, ob man sich wirklich ändert. Sie können Focusing auch dazu benutzen, das Erleben der positiven Veränderungen zu vertiefen. Wenn Sie merken, daß es Ihnen gutgeht oder Sie eine Situation auf neue Art erleben, nehmen Sie sich die Zeit, das körperlich zu spüren. Genießen Sie das neue Gefühl, geben Sie ihm einen Namen und heißen Sie es willkommen. (Siehe auch das sechste Kapitel «Empfangen und genießen»; dort finden Sie mehr darüber, wie man seine positiven Erfahrungen vertieft.)

Und nutzen Sie Focusing auf alle Fälle dazu, in Zeiten, in denen Sie an Ihren Fortschritten zweifeln und wieder in den alten Gefühlen verhaftet sind, sanft und freundlich mit sich umzugehen. Manchmal kommen die Verhaltensmuster und Einstellungen, von denen Sie sich frei machen, noch einmal mit aller Macht zurück, bevor sie endgültig loslassen – ein letzter Triumphzug. Halten Sie durch, Sie haben es bald geschafft!

Werden Sie Ihr eigener Therapeut

Irgendwann sind Sie soweit, daß Sie Ihre Therapie beenden möchten. Focusing kann Ihnen auch helfen zu erspüren, ob dieser Schritt richtig ist. Ihre Focusing-Fertigkeiten können dazu beitragen, daß Sie sich von der Unterstützung Ihres Therapeuten lösen und sich diese Unterstützung hauptsächlich selbst geben möchten. Die eigenen Gefühle zur Kenntnis zu nehmen und ihnen zuhören zu können ist eine Gabe fürs Leben, eine Fähigkeit, die Ihnen für sämtliche zukünftigen Entwicklungen in Ihrem Leben bleiben wird.

Denken Sie daran: Was auch passiert, achten Sie darauf, wie es sich in Ihrem Körper anfühlt, und begrüßen Sie es. Mit Focusing haben Sie eine innige, ergiebige Beziehung zu Ihrem Inneren, die Ihnen nichts und niemand mehr nehmen kann. Viel Vergnügen!

Tips zum Weiterlesen

Winfried Bergermann: *Focusing. Selbsthilfe durch Körpererfahrung.* Humboldt Taschenbuch, München 1995.

Peter A. Campbell und Edwin M. McMahon: *BioSpiritualität – Glaube beginnt im Körper. Eine praktische Einführung zur Selbsterfahrung mit Focusing.* Claudius, München 1992.

Eugene Gendlin: *Focusing. Technik der Selbsthilfe bei der Lösung persönlicher Probleme.* Otto Müller Verlag, Salzburg 1981.

Das grundlegende Buch über Focusing, geschrieben von Eugene Gendlin, der die Methode entwickelt hat. Aus vielerlei Gründen sehr lesenswert, nicht zuletzt wegen der Geschichten über Menschen, die sich durch Focusing einschneidend verändert haben.

Eugene Gendlin: *Dein Körper – Dein Traumdeuter.* Otto Müller Verlag, Salzburg 1987.

«Jeder Traum birgt ein Geschenk in sich», sagt Gendlin, und in diesem Buch lehrt er, wie man solche Geschenke in seinen Träumen – selbst in den Alpträumen – findet.

Martin Siems: *Dein Körper weiß die Antwort. Focusing als Methode der Selbsterfahrung.* Rowohlt, Reinbek 1986.

Englischsprachige Literatur zu Focusing

Johan Amodeo und Kris Wentworth: *Being Intimate. A Guide to Successful Relationships.* Arkana, London 1986.

Ann Weiser Cornell: *The Focusing Guide's Manual.* Third Edition. Berkeley, CA: Focusing Resources, 1993. Zu bestellen bei: Focusing Resources, 2625 Alcatraz Avenue. # 202, Berkeley, CA 94705–2702.

Eine Anleitung zum Focusing-Begleiten mit vielen nützlichen Tips, Beispielen und charmanten Zeichnungen.

Neil Friedman: *On Focusing.* 1995. Zu bestellen bei: Neil Friedman, 259 Massachusetts Avenue, Arlington, MA 02174.

Eine ausgezeichnete Quelle für Anfänger und Profis gleichermaßen.

Eugene Gendlin: *Focusing-Oriented Psychotherapy. A Manual of the Experiential Method.* Guilford, New York 1996.

Elfie Hinterkopf: *Integrating Spirituality in Counseling. Using the Experiential Focusing Method.* Zu bestellen bei: Elfie Hinterkopf, 8200 Neely Dr. # 151 Austin, TX 78759.

Edwin M. McMahon: *Beyond the Myth of Dominance. An Alternative to a Violent Society.* Sheed and Ward, Kansas City 1993.

Weiterführendes über «BioSpiritualität», unter anderem zu den globalen Auswirkungen, wenn wir im täglichen Leben auf den Felt Sense hören.

Adressen

Deutschland

DAF – Deutsches Ausbildungsinstitut für Focusing und Focusing-Therapie
Leitung: Dr. Johannes Wiltschko, Klaus Renn
Ludwigstr. 8 a
D-97070 Würzburg
Tel.: 09 31/41 62 83
Fax: 09 31/41 13 71
E-mail: info@focusing-daf.de
Internet: www.focusing-daf.de

Das DAF bietet folgende Seminare an: Ausbildung in Focusing (für alle interessierten Personen); Fortbildung zum/zur Focusing-Trainer/-in, Weiterbildung in Focusing-Beratung, Grundausbildung in Focusing-Therapie (für Personen, die im psychosozialen Bereich arbeiten); Weiterbildung in Focusing-Therapie im Baukastensystem (Felt Sense, Körper, Traum, Strukturen; für Psychotherapeuten als Zweitausbildung). Die Ausbildungsseminare finden in verschiedenen Regionen Deutschlands statt. Das DAF vermittelt außerdem Focusing-Trainer und -Trainerinnen für Einzelsitzungen, Starthilfe und Supervision beim Partnerschaftlichen Focusing sowie Focusing-Therapeuten.

Die Internationale Focusing Sommerschule, die weltweit größte Focusing-Veranstaltung, findet jedes Jahr im Sommer am Bodensee statt. Dort gibt es verschiedene Workshops mit Gene Gendlin, Ann Weiser Cornell und viele Möglichkeiten für Austausch, Erholung und Entspannung. Das Programm der Sommerschule ist im DAF erhältlich.

Das DAF gibt auch die Focusing-Bibliothek heraus, in der Bücher, Studienhefte und Videos über Focusing und Focusing-Therapie publiziert werden.

FZK – Focusing Zentrum Karlsruhe
Leitung: Prof. Heinz-Joachim Feuerstein, Dieter Müller; ausbildungsberechtigte Koordinatoren des International Focusing Institute New York
Höhefeldstr. 48, Postfach 1109
76352 Weingarten (Baden)
Tel.: 07244/706091
Fax: 07244/706092
E-mail: fzk@focusing.de
Internet: www.focusing.de
(Die Homepage enthält alle aktuellen Veranstaltungen und ausführliche Programmbeschreibungen des FZK)

Das FZK bietet folgende Aus-, Fort- und Weiterbildungen in verschiedenen Regionen Deutschlands an:

Ausbildung in Focusing (für alle interessierten Personen), weiterführend auch zum Focusing-Einzeltrainer oder -Gruppentrainer; Ausbildung in Focusing und Klientzentrierter Gesprächsführung als Voraussetzung für berufsfeldspezifische Ausbildungsgänge; Ausbildung in Focusing-orientierter Psychotherapie, ergänzt durch Klientzentrierte Psychotherapie (für Personen, die psychotherapeutisch arbeiten); Ausbildung in Supervision (für Personen, die Institutionen, Teams und Führungskräfte in sozialen Organisationen beraten); Ausbildung im Coaching (für Personen, die Organisationen, Teams und Führungskräfte in Wirtschaft, Verwaltung und freien Berufen beraten) mit Beteiligung international bekannter Gasttrainer und -trainerinnen wie Gene Gendlin, Ann Weiser Cornell u. a. innerhalb der Ausbildungsprogramme.

Das FZK organisiert außerdem eine internationale Workshopreihe mit renommierten Gasttrainern und -trainerinnen und bietet Focusing-Einzelsitzungen durch FZK-Ausbilder/-innen an.

Das Focusing Zentrum Karlsruhe gibt Texte, Bücher und Videoaufnahmen zum Focusing heraus und nimmt Buchbestellungen entgegen. Auf Anfrage erhalten Sie aktuelle Bücherlisten zu den Themen: Focusing, Psychotherapie, Beratung, Psychologie, Pädagogik, Supervision und Coaching.

FN – Focusing Netzwerk

Im Focusing Netzwerk sind zur Zeit etwa 50 Ausbilderinnen und Ausbilder verknüpft. Sie bieten zweimal im Jahr große überregionale Veranstaltungen an, die «Focusing Winterschule» in der Lüneburger Heide und die «Focusing Wochen Achberg» im Sommer am Bodensee. Dort kann Focusing erlernt und vertieft werden, es werden sämtliche Weiterbildungsstufen und verschiedene Selbsterfahrungsseminare angeboten. Das Focusing Netzwerk ist kollegial und nichthierarchisch organisiert. Den Veranstalterinnen und Veranstaltern ist es ein Anliegen, daß sich Organisation und Durchführung der Seminare an der lebendigen Prozeßform des Focusing orientieren. Weitere Informationen bei:

Ulrich Schlünder
Am Zeughaus 1
58644 Iserlohn
Tel.: 02371/27339
E-mail: p.b.z.@pbz.de
Internet: www.pbz.de

Seminare mit Ann Weiser Cornell in Deutschland organisiert auch Elmar Kruithoff:
E-mail: kruithoff@bareattention.de
Internet: www.bareattention.de

Österreich

Focusing in Österreich

Kontakt über Johannes Wiltschko
A-5142 Eggelsberg
Pippmannsberg 6
Tel.: 0043/7748-2177
E-mail: johanneswiltschko@msn.com

Das ÖAF bietet in Zusammenarbeit mit dem DAF in Österreich Weiterbildungsseminare in Focusing an.

Schweiz

Dr. phil. Agnes Wild-Missong führt seit vielen Jahren eine psychotherapeutische Praxis in Zürich auf der Basis der Gesprächspsychotherapie und des Focusing. Sie bietet Einzel- und Paartherapie sowie Einzelstunden in Focusing für Interessenten, die die Methode erlernen möchten, und wird im ganzen deutschen Sprachraum von Gruppen zu Wochenendkursen in Focusing eingeladen.
Adresse:
Kreuzplatz 1
CH-8032 Zürich
Tel.: 0041/1-2624850
Fax: 0041/1-2627250

GFK – Ausbildungsinstitut für klientenzentrierte Gesprächs- und Körperpsychotherapie

Das Ausbildungsinstitut GFK bietet in den deutschsprachigen Ländern eine Psychotherapie-Ausbildung und eine Fortbildung für Angehörige psychosozialer Berufe an. In diesen Ausbildungsgängen wird Focusing auf integrale Weise mit Gesprächspsychotherapie und Körperpsychotherapie verknüpft. Weitere Informationen bei:

Christiane Geiser
Ernst Juchli
Weierhofgasse 9
CH-9500 Wil
Tel.: 0041/71/9 10 17 90
Fax: 0041/71/9 10 17 91
E-Mail: ch.geiser@bluewin.ch

Focusing Forum Zürich
Teresa Dawson
Mutschellenstrasse 105 a
CH-8038 Zürich

Internationale Kontaktadressen

Ann Weiser Cornell, Focusing Resources
2336 Bonar Street
Berkeley, CA 94702
Tel.: 001/5 10-6 66-99 48
Internet: www.focusingresources.com

IFI – International Focusing Institute New York
34 East Lane
Spring Valley, NY 10977
Tel./Fax: 001/9 14-3 62-52 22
E-mail: internet.focusing.org
Internet: www.focusing.org

The Institute for Bio-Spiritual Research
P.O. Box 741137
Arvada, CO 80006–1137
Tel./Fax: 001/303-427-53 11

Helen Marie

Choose You

Dein Weg zu mehr Selbstliebe, Heilung und Wachstum

368 Seiten

Emotionale Gesundheit und persönliches Wachstum – Helen Marie zeigt, wie das gelingen kann.

Wir lernen, uns selbst nachsichtiger und wohlwollender zu betrachten und den innewohnenden Kritiker zu besänftigen. Mit Empathie und Fachkenntnis leitet uns die erfahrene Psychologin und Traumatherapeutin an, Selbstliebe zu praktizieren und innere Heilung zu erfahren. Durch praxisnahe Übungen, Reflexionen, Fragebögen und Affirmationen aus der psychotherapeutischen Arbeit lernen wir die eigenen Grenzen und die von anderen zu respektieren, Momente der Stille als Ressource zu nutzen, Abstand zu den Dingen einzunehmen und die eigenen Bedürfnisse besser zu verstehen und zu kommunizieren.

Ein unschätzbarer Wegbegleiter bei der persönlichen Transformation und der Suche nach innerem Frieden.

Weitere Informationen finden Sie unter **rowohlt.de**

Richard Dixey

Drei Minuten am Tag

Mit Meditation zu einem ausgeglichenen Leben

192 Seiten

In nur drei Minuten am Tag eine Menge über Meditation lernen – und über sich selbst!

Mit kurzen Übungen und wenig zeitlichem Aufwand zeigt Dr. Richard Dixey einen Weg zu geistiger Klarheit, Stressabbau, schärferem Denken, verbesserter Konzentration und gesteigerter Kreativität. Weg vom langen Sitzen auf Meditationskissen und von aufwendigen Techniken hin zu einer unkomplizierten, alltagstauglichen Anwendung und einem Mehr der eigenen Wahrnehmung. Mit Erfolgsgarantie!

Weitere Informationen finden Sie unter **rowohlt.de**